하나님께서
들으시는 기도

리로이 아임스

네비게이토 출판사

네비게이토 선교회는
국제적이며 복음적인 기독교 기관이다.
예수 그리스도께서는 자기를 따르는 자들에게
"너희는 가서 모든 족속으로 제자를 삼으라"
(마태복음 28:19)는 지상사명을 주셨다.
네비게이토 선교회는 세계 모든 국가에서
예수 그리스도의 일꾼들을 배가시켜
이 지상사명의 성취를 돕는 것을
근본 목표로 하고 있다.

네비게이토 출판사는
네비게이토 선교회의 문서 선교를 담당하고 있다.
본 출판사에서는 그리스도인의 영적 성장을 돕는
서적과 자료들을 출판하여,
그리스도인의 삶의 기초가 견고한
헌신된 제자로 성장하게 하고,
나아가 성숙한 인격과 지도력을 갖춘
일꾼이 되도록 돕고 있다.

Prayer: More Than Words

Leroy Eims

Translated by permission
Title originally published in English as
PRAYER: MORE THAN WORDS
by NavPress, a ministry of The Navigators.
ⓒ1982 by LeRoy Eims
Korean Copyright ⓒ1986
by Korea NavPress

차 례

저자 소개 / 7
머리말 / 9
1. 아들로서 아버지께 / 13
2. 기도와 성경 / 25
3. 경외 / 41
4. 순종 / 55
5. 겸손 / 69
6. 믿음 / 79
7. 마음의 짐 / 93
8. 찬양과 감사 / 107
9. 한마음 / 115
10. 인내 / 137
11. 구하고 행하라 / 151
12. 맺음말 / 163

저자 소개

리로이 아임스는 오랜 기간 동안 네비게이토 선교회에서 일하면서 여러 중요한 직책을 거치며 주님을 섬겨 왔습니다. 오랜 세월 동안 그는 사람들을 그리스도께로 인도하며, 그들을 믿음 안에서 세워 주는 일에 큰 관심을 기울여 왔고, 그 일에 자신의 전생애를 바쳐 왔습니다.

그는 또한 전세계를 여행하면서 많은 캠퍼스, 군부대, 지역 교회, 신학교, 성경학교에서 말씀을 전하고 있으며, 전도, 제자 훈련, 리더십 등에 관하여 많은 책을 쓴 탁월한 저술가이기도 합니다. 본서 외에도 다음과 같은 저서들이 있습니다.

- 제자삼는 사역의 기술
- 그리스도인 성장의 열쇠
- 당신도 영적 지도자가 될 수 있다
- 동기를 부여하는 지도자
- 사도행전 속의 제자 훈련
- 위로부터 난 지혜
- 영적 전쟁의 성서적 원리

- 이렇게 전도하라
- 추수하는 일꾼
- 믿음의 선한 싸움
- 제자가 되는 길
- 제자의 삶을 위한 매일의 말씀

머리말

만약 쉬지 않고 기도할 수 있는 로봇을 발명한다면 하나님께서 그 기도를 들어주실까요? 그 로봇은 항상 올바른 말만 하고 올바른 규칙을 따라 훌륭한 기도, 즉 성서적인 기도를 한다고 가정합시다. 그 기도에는 자백, 감사, 중보, 간구, 찬양과 같은 온갖 기도의 요소가 다 들어 있어서 하나님과의 대화 형식을 완벽하게 갖추었다고 합시다. 그렇다고 해서 하나님께서 그 로봇의 기도에 주의를 기울이시겠습니까? 절대로 그렇게는 아니하십니다!

그렇다면 잠깐 생각해 보십시오. 만약 하나님께서 로봇의 기도를 들어주지 않으신다면, 기도는 말 그 이상의 것임에 틀림없습니다. 그러면 기도란 무엇입니까? 성경은 하나님께서 기도의 내용도 물론이지만 그 기도를 하고 있는 사람에게도 그만큼 주의를 기울이고 계시다는 것을 가르쳐 주고 있습니다.

로봇은 마음이나 의지가 없기 때문에 기도로 하나님의 마음을 움직일 수가 없습니다. 로봇은 하나님께 응답할 수도 없고 순종할 수도 없습니다.

이 책에서는 그리스도인의 삶과 기도의 관계를 고찰했습니다. 우리는 기도를 통하여 하나님의 마음을 움직일 수 있으며, 하나님과 함께하는 삶의 능력을 경험할 수 있습니다. 응답받지 못하는 수많은 기도의 원인을 파헤쳐 보면 불순종이나 세상적인 삶 때문인 경우가 많습니다. 그리스도인이 하나님께 불순종할 때 그는 하나님의 마음을 움직일 수가 없으며, 기도의 삶은 절름발이가 되어 버리고, 이 세상에 선한 영향력을 미칠 수도 없습니다.

주님께서는 내가 애리조나 주 피닉스 시의 어느 교회에서 말씀을 전하던 기간 중에 이 진리를 내 마음속에 심어 주셨습니다. 당시 나는 연속 두 번의 주일 설교를 했는데, 교회측에서는 그 사이의 일주일 동안 아내와 내가 사용할 수 있도록 거처를 특별히 마련해 주는 따뜻한 배려를 아끼지 않았습니다. 우리는 그 기간을 이용하여 기도에 대하여 성경을 기초로 공부해 나가기로 했습니다. 배경이 되는 성경 말씀은 마태복음 21:22, "너희가 기도할 때에 무엇이든지 믿고 구하는 것은 다 받으리라"는 것이었습니다.

월요일에는 새벽같이 일어나 일찍 아침을 먹고 기도에 대한 성경공부를 시작했습니다. 그러나 해가 질 때까지도 끝내지 못했기 때문에 화요일에도 계속 기도에 대하여 공부했습니다. 일주일 내내 그 주제에 매달렸지만 다 끝내지 못했습니다. 할 수 없이 나는 그걸 계속하기로 했습니다.

지난 2년 동안 계속되어 온 내 성경공부 주제는 여전히 기도였습니다. 이 공부는 원래 나 자신의 삶을 위하여 한 것이었지만 나는 때때로 그 내용의 일부를 다른 사람들과 나누기도 했습니다. 이 책은 그 2년 동안 퍽 열심히 공부했던 내용들을 모아 정리한 것입니다.

나는 이 책에서 "방법론"은 다루지 않았습니다. 주님께서는 오히려 성경 안에 들어 있는 기도의 근본적인 원리들을 찾게 해주셨고, 이 원리들이 기도하고 있는 사람의 삶과는 어떻게 연관되어 있는지를 보여 주셨습니다. 중요한 것은 우리 자신이 어떤 내용의 기도를 해야 하는가에 있는 것이 아니라 우리가 어떤 사람이 되어야 하는가에 있습니다. 이 책에서는 효과적인 기도의 삶, 즉 하나님의 마음을 움직이는 기도의 삶을 사는 성서적인 기초에 대하여 살펴보고자 하는 것입니다.

앞에서 말한 바와 같이 이 공부는 순전히 나 자신을 위한 개인적인 것이었습니다. 이 사실은 지금도 변함이 없습니다. 여기에 실린 많은 원리들은 나의 기도 생활 가운데 더욱 깊이 뿌리내리게 해주시도록 계속 하나님께 구하고 있는 것들임을 밝혀 둡니다.

하나님께서 이 책을 사용하여 나의 기도 생활을 향상시켜 주신 것같이 여러분의 기도 생활도 향상시켜 주시기를 기도하면서, 믿음의 형제 자매님들께 이 책을 드립니다.

리로이 아임스

12 하나님께서 들으시는 기도

1
아들로서 아버지께

그러므로 너희는 이렇게 기도하라.
"하늘에 계신 우리 아버지여…."
마태복음 6:9

동네 아이스크림 가게에 들어가서 초콜릿 아이스크림을 주문했다고 합시다. 판매원 아가씨는 아주 명랑해서 아이스크림을 큰 국자로 가득 퍼서 그릇에 담아 가지고 먼저 크게 한입 먹어 보고서는, "음, 이 아이스크림은 기가 막혀요!" 하면서 당신에게 넘겨주었다고 생각해 봅시다. 당신은 어떤 반응을 보이게 될까요? 아마 뜻밖의 일이라 놀라기도 하고, 기가 막히기도 하며, 화도 나서 당장 주인을 불러내어 따지려 들것입니다.

그러나 일주일 후에 당신이 딸아이를 데리고 그 가게에 갔다고 합시다. 당신은 초콜릿 아이스크림을 주문하고 딸아이는 콜라 한 잔을 주문했습니다. 딸아이가 아이스크림과 콜라를 받으러 간 사이에 당신은 자리를 잡고 앉아 기다립니다. 그 아이가 곧 주문한 걸 받아 가지고 자리로 돌아와 앉으면서 아이스크림을 크게 한입 먹어 보고서는 당신에게 내밀며 "음, 이 아이스크림은 기가 막혀요!" 했다고 합시다. 당신은 어떤 반응을 보이겠습니까? 아마도

"얘야, 네가 그걸 좋아하는 걸 보니 기쁘구나" 하고서는 그 일에 대해서 아무 생각도 하지 않을 것입니다.

왜 이렇게 다른 반응을 보일까요? 판매원 아가씨가 감기나 독감이 걸렸을까 봐 꺼림칙해서 그렇습니까? 아닙니다. 그녀는 아주 건강해 보입니다. 그러면 그녀가 양치질을 하지 않았거나 입에서 기분 나쁜 냄새라도 나기 때문입니까? 아닙니다. 그녀는 당신 딸아이처럼 조금도 그런 구석이 없이 방글방글 미소를 띠고 있는 아름다운 아가씨입니다. 그렇다면 왜 당신 딸이 당신 아이스크림에 입을 대었을 때는 아무렇지도 않았는데 그 아가씨가 거기에 입을 대었을 때는 기분이 상합니까? 당신의 딸은 당신과 부녀지간이라는 특별한 관계가 있기 때문에, 나타나는 반응에 차이가 있는 것입니다. 딸아이에게는 가족이 아닌 사람은 누릴 수 없는 특권이 있습니다.

이 진리를 다른 각도에서 살펴봅시다. 당신 아들의 생일이 이제 닷새가 남았다고 합시다. 저녁 먹는 자리에서 아들 녀석은 아빠가 자기 생일을 잊지 않고 기억해 주시길 바란다면서 생일 선물로는 새 바지와 농구공을 받았으면 좋겠다고 이야기합니다. 당신은 어떤 반응을 보입니까? 아마도 아들이 입고 있는 낡은 바지를 보면서, 이제 새 바지를 입고 즐거워하며 골대를 향해 농구공을 멋지게 쏘아 올리고 있는 아들의 모습을 생각하게 될 것입니다. 그러나 저녁을 다 먹고 앉아 있는데 이웃집 아이가 노크를 하고 들어와서 며칠 있으면 자기 생일인데 생일 선물로는 새 바지하고 농구공을 사달라고 했다 합시다. 당신은 아마 그 아이의 뻔뻔스러움에 크게 놀랄 것입니다. 그의 부모가 그런 것들을 쉽게 사줄 수 있는 처지의 사람들이라면 그런 감정은 특별히 더할 것입니다.

왜 이렇게 반응이 서로 다를까요? 당신이 그 아이를 싫어해서입니까? 아닙니다. 그 아이는 마음에 드는 아이입니다. 그가 당신 집 창문을 깨뜨렸다든지 자동차 타이어 바람을 빼놓았다든지 하는 나쁜 짓을 하기라도 했습니까? 그것도 아닙니다. 그 애는 착한 아이입니다. 그 아이가 당신 아들과 한 가지 다른 점은 당신과의 관계에 있습니다. 당신의 아들은 당신과 부자지간이기 때문에 당신에게 새 바지와 농구공을 사달라고 말할 권리가 있는 것입니다.

하나님의 자녀에게도 마찬가지 원리가 적용됩니다. 하나님의 자녀는 하나님과 부자 관계를 맺은 적이 없는 사람이 소유하지 못한 권리와 특권들을 가지고 있습니다. 성경은 **모든 사람**이 다 하나님의 자녀가 된다고 말하고 있지 않습니다. 우리는 예수 그리스도 안에 있는 사랑의 선물을 받을 때 하나님의 자녀가 되는 것입니다. 갈라디아서 3:26에서는 "하나님의 아들"을 보다 좁은 의미로 쓰고 있습니다: "너희가 다 믿음으로 말미암아 그리스도 예수 안에서 하나님의 아들이 되었으니." 이 구절에 들어 있는 한 단어 한 단어가 다 중요합니다. 만약 중간 대목을 빼버리고 "너희가 다 하나님의 아들이 되었으니"라고만 읽어 버린다면 중요한 말이 빠져 버리므로 우리는 잘못된 것을 믿게 되는 것입니다. "믿음으로 말미암아 그리스도 예수 안에서"라는 대목을 반드시 알아야 됩니다.

그러면, 어떻게 하면 하나님의 자녀가 될 수 있습니까? 요한복음 1:12-13에 그 해답이 나와 있습니다: "**영접하는** 자, 곧 그 이름을 **믿는** 자들에게는 **하나님의 자녀**가 되는 권세를 주셨으니, 이는 혈통으로나 육정으로나 사람의 뜻으로 나지 아니하고, 오직 하나님께로서 **난** 자들이니라." 이 구절에서는 네 단어가 특별히 중요합니다. 첫째로, **영접하는**이라는 단어입니다. 우리는 마치 친구가 우리 집 대문을 두드릴 때 맞아들인 것같이 그리스도를 우리 마음속에 모셔들였습니다. 우리는 단순히 문을 열고 그분을 모셔들였을 뿐입니다. 예수님께서는 "볼지어다. 내가 문 밖에 서서 두드리노니, 누구든지 내 음성을 듣고 문을 열면 내가 그에게로 들어가 그로 더불어 먹고 그는 나로 더불어 먹으리라"(요한계시록 3:20)고 말씀하셨습니다. 우리는 회개와 믿음으로 우리의 마음을 열고 예수님을 마음속에 모셔들였습니다. 그리스도 안에 있는 믿음은 하나님의 가족이 되며 하나님께서 약속하신 축복을 받기 위한 필수 조건인 것입니다. 사도 바울이 에베소 교인들을 위하여 "**믿음으로 말미암아 그리스도께서 너희 마음에 계시게 하옵시고**"(에베소서 3:17)라고 기도한 이유가 바로 여기에 있습니다. 우리가 예수님의 노크 소리를 듣고 그분을 모셔들일 때 그분은 우리 마음에 들어와 계시는 것입니다. 그리스도께서 우리 마음에 계시게 하기 위해서는 믿음밖에는 다른 방법이 없습니다.

　두 번째로, 믿는이라는 단어입니다. 이 믿는다는 단어는 요한복음을 이해하는 데 있어서 대단히 중요합니다. 요한복음에는 이 단어가 자주 나오는데, 그중 가장 유명한 것은 요한복음 3:16에 있습니다 – "하나님이 세상을 이처럼 사랑하사 독생자를 주셨으니, 이는 저를 믿는 자마다 멸망치 않고 영생을 얻게 하려 하심이니라." 요한복음은 다른 많은 구절들에서 우리에게 믿음이 있느냐 없느냐 하는 것은 영원한 결과를 좌우하는 엄청나게 큰 문제라고 말합니다. 이를테면 요한복음 3:18에서는 "저를 믿는 자는 심판을 받지 아니하는 것이요, 믿지 아니하는 자는 하나님의 독생자의 이름을 믿지 아니하므로 **벌써 심판을 받은 것이니라**"고 했습니다. 요한복음 3:36에서도 이 약속과 경고가 반복되고 있습니다: "아들을 믿는 자는 영생이 있고, 아들을 순종치 아니하는 자는 영생을 보지 못하고 도리어 하나님의 진노가 그 위에 머물러 있느니라."

　세 번째로, 자녀라는 단어입니다. 우리가 그리스도를 모셔들일 때, 하나님께서는 우리와 '아버지와 자녀'라는 특별한 관계를 맺으십니다. 또 우리는 "신의 성품에 참예하는 자"(베드로후서 1:4)가 되는 것입니다.

네 번째로, 난이라는 단어입니다. 본문 말씀은 하나님의 자녀가 되기 위해서는 영적으로 태어나야 한다는 사실을 강조하고 있습니다. 이 영적 출생은 우리 육신의 부모가 우리에게 가져다 줄 수도 없고, 우리 자신의 의지나 다른 사람의 의지의 힘으로도 할 수 없는 일입니다. 어떤 인간이나 세상의 어떤 방법을 통해서도 영적 출생은 이루어질 수 없습니다. 이것은 "하나님께로서" 나는 것입니다. 우리가 그리스도를 구주로 영접할 때, 즉 우리가 회개와 믿음으로 우리의 죄로부터 돌아서서 그분을 향할 때, 성령께서 우리 안에 영적인 생명을 심어 주십니다. 하나님께서는 우리가 지금 이 영원한 생명을 소유하고 있음을 알기를 원하십니다. "또 증거는 이것이니 하나님이 우리에게 영생을 주신 것과 이 생명이 그의 아들 안에 있는 그것이니라. 아들이 있는 자에게는 생명이 있고, 하나님의 아들이 없는 자에게는 생명이 없느니라. 내가 하나님의 아들의 이름을 믿는 너희에게 이것을 쓴 것은 너희로 하여금 너희에게 영생이 있음을 알게 하려 함이라"(요한일서 5:11-13).

하나님과의 교제가 점점 깊어지면서 우리는 그분의 자녀로서 놀라운 확신들을 갖게 되는데, 가장 중요한 다섯 가지의 확신을 들면 다음과 같습니다.

첫째로, **구원의 확신**입니다. "내가 진실로 진실로 너희에게 이르노니, 내 말을 듣고 또 나 보내신 이를 믿는 자는 영생을 얻었고, 심판에 이르지 아니하나니, 사망에서 생명으로 옮겼느니라"(요한복음 5:24). 자신이 하나님의 자녀이며 영생을 얻었다는 확신을 갖기 전까지는 영적 성장이 거의 없고, 그리스도인의 삶을 즐기지도 못하며, 하나님의 나라에서 쓰임받지도 못합니다. 의심과 불안은 우리의 영적 성장과 기쁨과 결실을 막는 매우 해로운 것입니다.

둘째로, 하나님께서는 우리에게 **기도 응답의 확신**을 주십니다. "지금까지는 너희가 내 이름으로 아무것도 구하지 아니하였으나 구하라, 그리하면 받으리니 너희 기쁨이 충만하리라"(요한복음 16:24). 그리스도인의 생활 가운데서 가장 신나는 일 중의 하나는 우리가 기도할 때 하나님께서 들으신다는 사실입니다. 주님께서 우리의 기도를 들으시고 응답해 주시겠다고 분명히 약속하셨습니다. 하나님 아버지께서는 자기 자녀들이 간구할 내용들을 가지고 자기 앞에 나아오는 것을 기뻐하십니다. 육신의 부모와 마찬가지로, 하나님 역시 우리가 그를 신뢰하지 않거나, 그에게 냉담하거나, 그를 두려워하거나, 또는 마치 낯선 사람같이 대할 때는 슬퍼하십니다.

하나님께서는 또한 **승리의 확신**도 주십니다. "사람이 감당할 시험밖에는 너희에게 당한 것이 없나니, 오직 하나님은 미쁘사 너희가 감당치 못할 시험 당함을 허락지 아니하시고, 시험당할 즈음에 또한 피할 길을 내사 너희로 능히 감당하게 하시느니라"(고린도전서 10:13). 우리는 우리의 썩어질 죄된 육신, 사탄의 공격, 이 세상의 유혹에 굴복하여 실패하는 삶을 살아서는 안 됩니다. 악을 누르고 영적 승리를 하는 것은 건강한 하나님의 자녀가 누릴 수 있는 특권입니다.

넷째로, 하나님께서는 우리에게 **사죄의 확신**을 주십니다. 우리는 유한한 육체 가운데서 살아가므로 때때로 우리의 새 성품을 따라 사는 일에 실패하기도 합니다. 우리는 하나님께 순종하지 않거나 죄에 빠질 수도 있습니다. 그러나 하나님께서는 그러한 실패에 대해서도 완전한 해결책을 주셨습니다. 하나님께서는 우리가 우리의 잘못을 인정하고 자백하기만 하면 우리를 용서해 주시고, 깨끗케 해주시고, 하나님과의 교제를 회복시켜 주시겠다고 약속하셨습니다. "만일 우리가 우리 죄를 자백하면 저는 미쁘시고 의로우사 우리 죄를 사하시며 모든 불의에서 우리를 깨끗케 하실 것이요"(요한일서 1:9).

다섯째로, 하나님께서는 우리에게 **인도의 확신**을 주십니다. "너는 마음을 다하여 여호와를 의뢰하고 네 명철을 의지하지 말라. 너는 범사에 그를 인정하라. 그리하면 네 길을 지도하시리라"(잠언 3:5-6). 우리가 주님과 동행할 때 하나님께서는 우리가 올바른 결정을 내리고 올바른 길을 걷도록 인도하십니다. 하나님께서는 우리를 인도하시는 일에 우리 자신보다도 훨씬 큰 관심을 가지고 계십니다. 시편 48:14은 "이 하나님은 영영히 우리 하나님이시니 우리를 죽을 때까지 인도하시리로다"라고 선언하고 있습니다.

우리가 하나님의 자녀로서 가진 특권들을 생각할 때는 그에 따른 책임들도 잊어서는 안 됩니다.

몇 년 전에 아내와 나는 세탁물 건조기를 새로 하나 샀습니다. 몇 상점을 돌아다니며 알아본 끝에 우리 집 형편에 맞고 가격도 적당한 것을 골랐습니다. 판매원은 우리가 고른 건조기에 대한 칭찬에 열을 올리며, 그 모델은 품질이 좋아서, 많이 팔았지만 지금까지 한 번도 항의를 받아 본 일이 없다고 자랑했습니다. 한 십 년은 사용해도 고장 한 번 날 것 같지 않아 보였습니다. 가격도 꽤 괜찮은 편이었습니다. 기계에는 작은 부자가 부착되어 있어서 세탁물 건조가 끝나면 자동적으로 소리가 울리게 되어 있었습니다. 상점 측에서는 무료로 운반해 줄 뿐만 아니라 우리가 원하는 장소에 설치까지 해주기로 하였습니다. 그 상점에는 또한 자체 내의 서비스 부서까지도 있었습니다. 그래서 우리는 드디어 그것을 샀습니다!

그러자 그 판매원은 이제 우리가 지켜야 할 의무 조항에 대해서 설명하기 시작했습니다. 계약금이 퍽 비싸고, 특정한 기간 동안은 월부금이 꽤 높게 설정되어 있는 계약서에 서명을 해야 했습니다. 건조기에 대한 보증서는 물론 있었지만 우리 측에서 특정한 규약을 어기면 불리해지게 되어 있었습니다.

이 계약에는 양면성이 있다는 것을 금방 알 수 있었습니다. 이 건조기를 구입함으로써 편리하고 유익한 점들이 많이 있지만, 또 한편으론 반드시 지켜야 할 책임도 동시에 생기게 되는 것입니다.

성경을 공부하다 보면 하나님의 자녀로서 지켜야 할 책임 가운데 희생을 요구하고 있는 것도 있다는 사실을 알게 됩니다. 그것은 절대로 쉽지는 않습니다. 그중 세 가지만 살펴보도록 합시다.

마태복음 5:43-48에서 예수님께서는 **원수를 사랑하라**고 말씀해 주셨습니다.

> 또 네 이웃을 사랑하고 네 원수를 미워하라 하였다는 것을 너희가 들었으나, 나는 너희에게 이르노니 너희 원수를 사랑하며 너희를 핍박하는 자를 위하여 기도하라. 이같이 한즉 하늘에 계신 너희 아버지의 아들이 되리니, 이는 하나님이 그 해를 악인과 선인에게 비취게 하시며 비를 의로운 자와 불의한 자에게 내리우심이니라. 너희가 너희를 사랑하는 자를 사랑하면 무슨 상이 있으리요? 세리도 이같이 아니하느냐? 또 너희가 너희 형제에게만 문안하면 **남보다 더 하는** 것이 무엇이냐? 이방인들도 이같이 아니하느냐? 그러므로 하늘에 계신 너희 아버지의 온전하심과 같이 너희도 온전하라.

이 계명을 지키기는 불가능할 정도로 어려워 보입니다. 누구나 자기를 사랑하는 사람은 사랑할 수 있습니다. 그러나 원수를 어떻게 사랑할 수 있겠습니까? 원수를 왜 사랑해야 합니까? 예수님께서는 이렇게 하는 것이 '하늘에 계신 너희 아버지의 자녀 된 표'라고 말씀하셨습니다. 자기를 사랑하는 자를 사랑하는 것은 악인과 구별되는 표가 될 수 없다고 하셨습니다. 자기와 같은 집단에 속한 사람들에게 사랑을 보이는 것은 누구나 할 수 있는 일입니다. 그러나 예수님께서는 우리에게 **원수들에게 선한 말을 하고, 선을 베풀며, 그들을 위하여 기도하라**고 하셨습니다. 그분은 그것을 몸소 실천하셨습니다. 그분은 십자가 위에서 자기를 죽이는 자들을 위하여 기도하셨습니다. "아버지여, 저희를 사하여 주옵소서. 자기가 하는 것을 알지 못함이니이다"(누가복음 23:34). 하나님께서는 또한 자기를 미워하는 자들에게도 그의 자녀들에게와 마찬가지로 햇빛을 주시고 비를 내려 주심으로써 사랑을 보여 주십니다. 예수님께서는 우리에게 본을 남겨 주셨습니다. 그분이 하신 것처럼 우리도 원수들을 용서하고, 그들에게 선을 베풀 때, 세상은 우리가 하늘에 계신 아버지의 자녀들이라는 것을 알게 될 것입니다.

우리의 두 번째 책임은 **성숙한 그리스도인이 되는 것**입니다. 사도 베드로는 우리가 하나님의 자녀라면 하나님의 자녀답게 자라야 한다고 말합니다. "너희가 순종하는 자식처럼 이전 알지 못할 때에 좇던 너희 사욕을 본 삼지 말고 오직 너희를 부르신 거룩한 자처럼 너희도 모든 행실에 거룩한 자가 되라. 기록하였으되 '내가 거룩하니 너희도 거룩할지어다' 하셨느니라"(베드로전서 1:14-16). 우리는 옛 사람을 따라 살아서는 안 되며, 우리의 성품은 하늘에 계신 우리 아버지를 닮아 가야 하는 것입니다. 하나님께서는 온전히 거룩하십니다. 하나님의 성품, 동기, 일은 완전합니다. 그렇다고 해서 하나님을 닮는다는 것이 완전해져야 한다는 뜻은 아닙니다. 하나님께서는 불가능한 것을 요구하시지는 않습니다. 하나님께서 요구하시는 것은 우리가 하나님의 말씀에 순종하는 것을 생활화하고 성령을 의뢰하는 가운데 주님의 성품을 닮아 가는 것입니다.

그러나 우리는 모두 이 일에서 실패를 경험하고 있습니다. 이러한 우리에게 에베소서 5:1 말씀은 큰 위로를 줍니다: "그러므로 사랑을 입은 자녀같이 너희는 하나님을 본받는 자가 되고." 전에는 성경이 이처럼 높은 수준을 설정해 놓았다는 사실이 내게 어려움이 되기도 했습니다. 하나님을 본받으라니! 인간인 내가 어떻게 감히 그럴 수 있단 말인가? 나는 빙 크로스비나 빌리 그래함을 본받기조차도 어려운데. 그러나 "사랑을 입은 자녀같이"라는 대목을 주의해 보십시오.

출가한 우리 딸 베키는 자기 딸 조이가 글 읽는 것을 듣기 좋아합니다. 비록 그 아이가 자기만큼은 잘 읽지 못하는데도 말입니다. 베키는 그 아이가 지금 당장 자기만큼 잘 읽게 되는 것은 기대조차 하지 않습니다. 베키는 또 둘째 딸 엠버 린이 걸음마 하는 것을 보기 좋아합니다. 그 아이는 평평한 데서도 제 엄마만큼 잘 걷지 못하지만 엄마를 흉내내면서 걸음마를 배우고 있습니다. 그 애는 식사할 때도 음식물을 흘리고 단정하지 못합니다. 그러나 그 아이는 계속 배우고 있습니다. 그 아이는 엄마의 "사랑을 입은 자녀"이기 때문에 그 부모를 닮고 있습니다. 세월이 흐르면 흐를수록 그 아이는 더욱 그 부모를 닮게 되며, 가족들을 닮게 될 것입니다.

어린아이들이 그 부모를 흉내내면서 읽기, 걷기, 먹기를 배우듯이, 하나님의 자녀인 우리도 하나님 아버지를 흉내내면서 거룩함을 배워 가는 것입니다.

셋째로, 우리는 이 세상에 빛을 비추어야 합니다. "모든 일을 원망과 시비가 없이 하라. 이는 너희가 흠이 없고 순전하여 어그러지고 거스르는 세대 가운데서 하나님의 흠 없는 자녀로 세상에서 그들 가운데 빛들로 나타내며"(빌립보서 2:14-15). 우리는 불평함이 없이 하나님의 말씀에 즐거이 순종하고 이웃과 시비가 없이 서로 잘 지냄으로써 세상에 빛을 비추어야 합니다. 그러나 그런 행동은 인간의 힘으로는 되지 않습니다. 갈라디아서 4:6은 빛을 발하는 삶의 비밀을 가르쳐 주고 있습니다. "너희가 아들인 고로 하나님이 그 아들의 영을 우리 마음 가운데 보내사 아바 아버지라 부르게 하셨느니라." 우리 안에 거하시는 성령께서 우리에게 빛을 발하는 삶을 살 수 있는 능력을 주십니다.

히브리서 12:6-7에서는 하나님께서 그의 자녀들을 징계하신다는 것을 가르쳐 주고 있습니다: "주께서 그 사랑하시는 자를 징계하시고 그의 받으시는 아들마다 채찍질하심이니라 하였으니, 너희가 참음은 징계를 받기 위함이라. 하나님이 아들과 같이 너희를 대우하시나니 어찌 아비가 징계하지 않는 아들이 있으리요?" 하나님의 징계는 자기 자녀들에 대한 아버지의 사랑을 입증하며 그들이 하나님께 속하였다는 사실을 증명하는 것입니다.

우리 아들 랜디가 열한 살 때 잘못을 저지른 적이 있습니다. 그 애는 크리스마스가 되어 이웃집 문밖에 장식해 놓은 꼬마 전구들을 훔쳤습니다. 그 애는 이웃집 아이와 함께 그 전구들을 다 떼내어 집 근처의 다리 위에서 시멘트 바닥 위에 한 개 한 개 던져 깨뜨리면서 장난을 했습니다. 전구가 깨지면서 내는 "퍽" 소리는 아이들에게는 재미였습니다. 그 일을 알았을 때 나는 랜디는 징계했지만 이웃집 아이는 징계하지 않았습니다. 그 아이는 내 자식이 아니었기 때문이었습니다. 하나님께서 우리에게 징계를 내리시는 것은 우리가 그의 자녀라는 증거입니다.

사도 바울은 우리가 하나님의 가족의 일원이 되었기 때문에 "아바, 아버지라 부르짖는다"(로마서 8:15)고 말했습니다. 아기가 "아빠" 하고 부르는 것은 자연스러운 것입니다. 하나님께서는 자기 자녀들이 그렇게 하기를 기대하십니다. 하나님께서는 자녀들이 자기에게 부르짖는 것을 듣기 좋아하시며, 그들이 부르짖을 때 그들에게 복을 주십니다. 그러므로 우리가 하나님의 자녀요 그의 가족의 일원으로 받아들여졌으니, 부르짖으십시오. 하나님께 부르짖으십시오. 하나님께 당신의 마음을 쏟아 놓으십시오. 하나님 아버지께서 들으시고 그 기도에 응답해 주실 것입니다.

2
기도와 성경

> 너희가 내 안에 거하고 내 말이 너희 안에 거하면
> 무엇이든지 원하는 대로 구하라. 그리하면 이루리라.
> 요한복음 15:7

믿을 수 없는 일이었습니다. 아내와 내가 네비게이토 선교회에서 사역을 하고 있는 키즈라는 형제의 가정에 머무르고 있을 때 어떤 전화가 걸려 왔는데, 그는 전화를 받더니 사뭇 염려스러운 얼굴이 되었습니다. 수화기를 놓고 나서 그는 자기 아내와 함께 잠시 어디를 좀 다녀와야겠다고 말했습니다. 어느 친구네 아이가 몹시 앓고 있는데 좀 와서 아픈 아이를 위하여 기도해 달라고 부탁했다는 것이었습니다. 그들은 곧 그 친구네로 떠났고, 아내와 나는 잠자리에 들었습니다.

이튿날 아침 식탁에 둘러앉았을 때 나는 키즈 부부에게 어젯밤에 갔던 친구네 집 일에 대하여 물어 보았습니다. 그들은 그곳에 갔다 온 이야기를 하면서 고개를 설레설레 흔들며 있을 수 없는 일이라고 했습니다. 그들이 그곳에 도착한 잠시 후에 근처 교회의 목사가 왔습니다. 그는 모인 사람들에게 그 아이를 위해 기도해서는 안 된다고 하면서 자기 자신도 기도를 하지 않더라는 것이었습니다. 그 목사는 기도 자체를 부인하고 있었던 것입니다.

그 문제를 가지고 이야기를 나누는 가운데 문제점이 차츰 분명하게 드러났습니다. 그 교회는 성경 말씀으로부터 떠나 있었습니다. 그 교회에서 최근에 시무했던 목사들은 대부분 하나님의 말씀을 믿지 않고 있었습니다. 그들은 성경을 믿지도 않았고, 성경 말씀으로 설교도 하지 않았습니다. 그들은 하나님의 지혜를 인간의 지혜로 대치했던 것입니다. 더 이상 성경을 믿지 않았기 때문에 기도도 더 이상 하지 않았습니다. 그들에게는 주장할 약속이 없었기 때문에 기도의 기초도 없었습니다. 그들의 기도 생활은 메말라 버리고 말았습니다. 오늘날 그 교회는, 믿음 가운데 예수님의 이름으로 하나님께 부르짖을 때 하나님으로부터 오는 능력에 대해서는 아무것도 모르고 있습니다.

그 결과 그 교회의 목사는 그날 밤 앓아 누워 있는 아이 주위에 둘러선 사람들에게 합심하여 기도를 하지 못하도록 기도를 금했던 것입니다. 결론적으로 누구든지 성경 말씀을 등한히 하면 성경 말씀에 대한 확신을 잃어버리게 되고, 자기 자신의 지혜를 성경 말씀보다 더 낫게 생각하게 되며, 따라서 그의 기도 생활은 시들어 가고 마침내 사라지게 되는 것입니다.

1960년대 초 아내와 내가 미국 중서부 지역에서 대학생을 대상으로 선교 활동을 하고 있을 때의 이야기입니다. 우리와 함께 선교 활동을 하던 두 젊은이가 그들의 신앙 생활과 사역에서 큰 좌절감에 빠져 어려움을 겪었습니다. 그들이 이처럼 시들어 가게 된 것은 그 대학에서 종교학 강의를 들으면서부터였습니다. 그 과목은 하루하루 그들의 믿음을 무너뜨리기 시작했습니다. 담당 교수는 성경을 믿지 않는 사람이었습니다. 뿐만 아니라 그가 강의 시간에 사용하는 교재도 성경 말씀을 믿지 않는 사람들이 쓴 책이었습니다.

두 젊은이의 믿음은 흔들흔들하다가 마침내는 무너져 버렸습니다. 그들의 삶은 영적인 광채를 잃어 버렸습니다. 믿음 대신에 의심과 불신이 가득 차게 되었습니다. 그들의 기도 생활은 메마르게 되었습니다. 끝없는 의문이 그들의 생각을 사로잡았습니다. 하나님께서 그들의 기도를 들으신다는 것을 어떻게 알 수 있겠습니까? 하나님께서 역사하고 계시다는 사실을 그들이 어떻게 알 수 있겠습니까? 하나님께서는 그들이 기도하기를 원하고 계신다는 것을 그들이 어떻게 알 수 있겠습니까? 성경을 믿지 않는 그들에게는 기도란 무의미한 것이 되었습니다.

요한복음 15:7에서는 기도와 성경 말씀이 함께한다는 것을 가르쳐 주고 있습니다: "너희가 내 안에 거하고 내 말이 너희 안에 거하면 무엇이든지 원하는 대로 구하라. 그리하면 이루리라." "무엇이든지 원하는 대로 구하라"는 말에 주의해 보십시오. 언뜻 보기에는 우리가 무엇을 구하든지 아무 제한이 없는 것처럼 보입니다. 그러나 제한이 있습니다 - 하나님의 뜻 안에서만 가능한 것입니다.

예수님께서는 "내 말이 너희 안에 거하면 무엇이든지 원하는 대로 구하라"고 말씀하셨습니다. 이것은 성경 말씀과 기도와의 관계에 빛을 던져 주고 있습니다. 만일 그리스도의 말씀이 우리 안에 거하고 우리가 그 말씀의 진리에 순종하며 "모든 생각을 사로잡아 그리스도에게 복종케"(고린도후서 10:5) 한다면, 우리가 구하는 것은 하나님의 뜻과 일치를 이루게 될 것입니다.

우리의 기도의 삶이 그리스도의 말씀에 따라 형성되어진다면 우리는 확신을 가지고 기도할 수 있습니다. "그를 향하여 우리의 가진 바 담대한 것이 이것이니 그의 뜻대로 무엇을 구하면 들으심이라. 우리가 무엇이든지 구하는 바를 들으시는 줄을 안즉 우리가 그에게 구한 그것을 얻은 줄을 또한 아느니라"(요한일서 5:14-15).

하나님께서 우리의 기도 생활을 축복해 주시기를 바란다면 우리는 사도 바울의 교훈에 주의를 기울여야 합니다. "그리스도의 말씀이 너희 속에 풍성히 거하여 모든 지혜로 피차 가르치며 권면하고, 시와 찬미와 신령한 노래를 부르며 마음에 감사함으로 하나님을 찬양하고"(골로새서 3:16). 주님의 말씀이 우리 속에 풍성히 거하게 하려면, 우리는 그 말씀을 잠시 머무는 손님으로가 아니라, 지붕 아래서 일어나는 모든 일을 다스리는 권세를 지닌 집주인으로 대해야 합니다. 우리는 그 말씀의 권위 아래 있어야 합니다. 말씀이 우리 속에 **풍성히** 거하게 하려면 말씀을 **많이** 섭취해야 합니다. 성령께서는 하나님의 말씀을 사용하여 우리의 삶을 지도하시고 우리를 의의 길로 인도하십니다. 그러므로 성경을 여기 조금 저기 조금 읽고 한두 구절 암송하는 것으로는 불충분합니다.

그리스도께서는 우리의 삶을 변화시키기를 원하고 계십니다. 그는 우리의 기도 생활의 깊이를 더하시고, 우리로 하여금 참된 기도의 용사요, 하나님 나라의 훌륭한 군사가 되도록 도와주시기를 원하십니다. 우리의 목표는 마귀의 일을 멸하는 것입니다. 우리는 그리스도의 약속들을 기도로 바꾸어 은혜의 보좌 앞에 가지고 나아갈 때만이 그 일에서 승리를 얻을 수 있습니다.

구약에서도 말씀과 기도는 분리할 수 없다는 사실을 분명히 밝혔습니다. "사람이 귀를 돌이키고 율법을 듣지 아니하면 그의 기도도 가증하니라"(잠언 28:9).

하나님과 우리와의 교제는 말씀과 기도를 통하여 이루어집니다. 우리가 고의로 하나님의 말씀을 소홀히 대하고 불순종한다면, 하나님을 기쁘시게 해야 할 우리의 기도가 오히려 그에게 가증한 것이 되어 버릴 것입니다. 비록 우리가 하나님께 기도를 한다고 하더라도, 말씀을 통하여 우리를 부르시는 하나님의 음성을 우리가 들지 않으려고 한다면, 기도에 대한 응답을 기대할 수 없습니다. 하나님께서는 선지자 스가랴를 통하여 백성이 기도의 응답을 받지 못하는 이유를 분명하게 알려 주셨습니다.

> 그 마음을 금강석 같게 하여 율법과 만군의 여호와가 신으로 이전 선지자를 빙자하여 전한 말을 듣지 아니하므로 큰 노가 나 만군의 여호와께로서 나왔도다. 만군의 여호와가 말하였었노라. 내가 불러도 그들이 듣지 아니하였은즉 그들이 불러도 내가 듣지 아니하고. (스가랴 7:12-13)

우리가 하나님의 말씀에 귀를 막으면 하나님께서도 우리의 기도에 그 귀를 막아 버리십니다.

> 내가 부를지라도 너희가 듣기 싫어하였고, 내가 손을 펼지라도 돌아보는 자가 없었고, 도리어 나의 모든 교훈을 멸시하며 나의 책망을 받지 아니하였은즉… 그때에 너희가 나를 부르리라. 그래도 내가 대답하지 아니하겠고, 부지런히 나를 찾으리라. 그래도 나를 만나지 못하리니, 대저 너희가 지식을 미워하며 여호와 경외하기를 즐거워하지 아니하며 나의 교훈을 받지 아니하고 나의 모든 책망을 업신여겼음이라. (잠언 1:24-25,28-30)

하나님의 말씀은 우리의 기도 생활에 없어서는 안 될 필수 요소입니다. 신약과 구약에서 말씀의 가치를 보여 주고 있는 몇 구절을 유의해 봅시다.

> 세상 중에서 내게 주신 사람들에게 내가 아버지의 이름
> 을 나타내었나이다. 저희는 아버지의 것이었는데 내게
> 주셨으며, 저희는 아버지의 말씀을 지키었나이다.… 내가
> 아버지의 말씀을 저희에게 주었사오매 세상이 저희를 미
> 워하였사오니, 이는 내가 세상에 속하지 아니함같이 저
> 희도 세상에 속하지 아니함을 인함이니이다.… 저희를
> 진리로 거룩하게 하옵소서. 아버지의 말씀은 진리니이다.
> (요한복음 17:6,14,17)

예수님께서는 제자들이 진리인 **하나님의 말씀**을 통하여 거룩하게 되어 가기를 기도하셨습니다.

예수님께서는 구약성경을 말씀하시고 해석하실 때 그 말씀들이 예수님 자신을 증거하고 있다고 자주 말씀하셨습니다.

> 또 이르시되, "내가 너희와 함께 있을 때에 너희에게 말
> 한바 곧 모세의 율법과 선지자의 글과 시편에 나를 가리
> 켜 기록된 모든 것이 이루어져야 하리라 한 말이 이것이
> 라" 하시고. (누가복음 24:44)

예수님께서는 요한복음 5:39에서 "너희가 성경에서 영생을 얻는 줄 생각하고 성경을 상고하거니와 이 성경이 곧 내게 대하여 증거하는 것이로다"라고 말씀하셨습니다. 사도 바울도 "이 복음은 하나님이 **선지자들로 말미암아** 그의 아들에 관하여 성경에 미리 약속하신 것이라"(로마서 1:2)고 했습니다.

성경을 통하여 우리는 하나님께서 우리에게 원하시는 것이 무엇이며 그것을 어떻게 실천하는지를 배웁니다. 성경에는 우리의 구

원과 신앙과 생활에 필요한 모든 것이 기록되어 있습니다. 성경은 하나님께서 우리에게 알려 주기 원하시는 모든 것에 대한 완전하고 최종적인 계시입니다.

그리스도께서 변형되신 사건을 통해서도 이것을 배울 수 있으리라 생각합니다. 변화산에 함께 갔던 베드로와 야고보와 요한이 보는 앞에서 예수님께서 변화되셨을 때, 그들 세 사람은 모세와 엘리야가 그리스도와 함께 이야기하고 있는 것을 보았습니다. 그들이 그 산에 있을 때 하나님 아버지께서 그들에게 말씀을 하셨고, 예수님도 그들에게 말씀하셨지만, 모세와 엘리야는 그들에게 말한 바가 없습니다. 어떤 성경학자들은 그들이 말을 하지 않은 것은 이미 구약성경에 그들이 한 말이 다 기록되어 있으며, 구약의 계시는 그것으로서 완성되었기 때문이라고 말하기도 합니다. 성경에서는 아무것도 빼거나 더할 수 없습니다. 베드로, 야고보, 요한이 모세나 엘리야로부터 무엇을 배우려 하든지 그들은 결국 구약성경 말씀을 통하여 그것을 배워야 했습니다.

이런 이야기는 추론이긴 하지만, 그러나 하나님의 계시가 성경 안에 기록의 형태로 완성되어 있다는 것은 절대로 추론이 아닙니다. 사도들 중에서 제일 늦게까지 살았던 요한이 계시록을 씀으로써 신구약의 정경은 1세기에 완성이 되었다는 사실을 교회는 지금까지 인정해 오고 있습니다. 그 책의 마지막에 사도 요한은 아무도 "이 책의 예언의 **말씀에서**" 더하거나 빼면 안 된다고 엄하게 경고했습니다. 요한이 한 말이 구체적으로는 그 계시록에 해당된다는 것은 틀림없는 사실이지만, 이 경고가 정경의 마지막 책에서 말해졌다는 사실은 대단히 중요합니다.

A.D. 1세기 이후로부터 수많은 이단 종파들은 하나님으로부터 또 다른 계시를 받았다고 주장을 해왔습니다. 그들이 받았다는 이

들 "계시"들은 대부분이 성경의 말씀들과는 모순되는 것들이었습니다. 구약성경에는, 어떤 말이든지 그것이 하나님께로부터 받은 계시라고 주장할 때 그 진위를 알아낼 수 있는 한 가지 원칙이 설정되어 있습니다. "마땅히 율법과 증거의 말씀을 좇을지니 그들이 말하는 바가 이 말씀에 맞지 아니하면 그들이 정녕히 아침 빛을 보지 못하고"(이사야 8:20). 성경 말씀이야말로 다른 모든 주장의 진위를 가려낼 수 있는 기준이 되는 것입니다. 우리는 가만히 앉아서 하나님께서 또 다른 말씀을 주실 것을 기대하고 기다려서는 안 됩니다. 우리는 이미 성경을 통하여 그것을 다 받았습니다.

하나님의 말씀은 우리를 바른 길로 인도해 줍니다. 우리가 성경에서 떠날 때 우리는 그릇된 길로 가게 됩니다. 예수님께서 한번은 자기를 죽이려고 살의를 품고 있는 유대인들에게 자신의 말을 받아들이지 않는 데 대하여 꾸짖으셨습니다. "나도 너희가 아브라함의 자손인 줄 아노라. 그러나 내 말이 너희 속에 있을 곳이 없으므로 나를 죽이려 하는도다"(요한복음 8:37). 그들은 그리스도의 말씀이 그들 안에 있을 "곳"이 없었기 때문에 살인이라는 끔찍한 죄를 범하려 했습니다. 그리스도께서는 그의 말씀이 유대인들에게 뚫고 들어갈 수 없다고 말씀하셨습니다.

이사야는 하나님의 말씀을 땅에 내리는 비로 비유했습니다.

> 비와 눈이 하늘에서 내려서는 다시 그리로 가지 않고 토지를 적시어서 싹이 나게 하며 열매가 맺게 하여, 파종하는 자에게 종자를 주며 먹는 자에게 양식을 줌과 같이, 내 입에서 나가는 말도 헛되이 내게로 돌아오지 아니하고 나의 뜻을 이루며 나의 명하여 보낸 일에 형통하리라.
> (이사야 55:10-11)

아이오와의 농장에 있을 때 우리는 4월에 내리는 비를 참 좋아했습니다. 비가 내리면 메말랐던 대지가 흠뻑 젖는 것이 보기 좋았습니다. 그러나 지금 우리가 사는 콜로라도스프링스 시에는 비가 와도 대부분이 도로 옆의 하수도로 흘러 내려가 버립니다. 비는 도로에 포장되어 있는 아스팔트를 뚫고 들어가질 못합니다.

예수님께서는 살의를 품고 있는 자들에게 그들의 마음은 뚫고 들어갈 수 없는 돌덩이 같다고 말씀하셨습니다. 말씀이 그들의 양심과 의지에까지 도달할 수 없기 때문에 역사할 수가 없습니다. 그리스도인은 이러한 위험을 깨닫고 양심이 굳어지지 않도록 주의해야 합니다. 우리의 마음은 활짝 열려서 봄비를 잘 빨아들이는 아이오와의 토양같이 하나님의 말씀에 반응을 나타내야 합니다. 사탄은 우리의 삶 가운데서 말씀의 능력을 무력하게 만들려고 애를 쓸 것입니다. 그러나 우리가 성경 말씀에 즐겨 순종하면, 하나님께서는 우리 삶 가운데서 역사를 하실 수 있는 교두보를 확보하실 것이요, 그곳을 발판으로 해서 우리의 생각과 행동에 영향을 주실 수 있게 됩니다. 예수님께서는 유대인들이 육적으로는 아브라함의 자손임을 인정하셨지만, 영적으로는 아브라함의 자손이 아니라고 말씀하셨습니다. 그들의 믿음 없는 것과 주님의 말씀을 거절하는 것은 바로 그들이 영적으로는 이방인이라는 사실을 드러내는 증거였습니다.

잠언 22:17-21에서는, 하나님의 말씀을 받아들일 때, 그것이 우리들에게 지혜와 축복을 가져다 준다는 사실을 가르쳐 주고 있습니다.

> 너는 귀를 기울여 지혜 있는 자의 말씀을 들으며 내 지식에 마음을 둘지어다. 이것을 네 속에 보존하며 네 입술에

있게 함이 아름다우니라. 내가 너로 여호와를 의뢰하게 하려 하여 이것을 오늘 특별히 네게 알게 하였노니, 내가 모략과 지식의 아름다운 것을 기록하여 너로 진리의 확실한 말씀을 깨닫게 하며 또 너를 보내는 자에게 진리의 말씀으로 회답하게 하려 함이 아니냐?

"아름다운 것"은 하나님의 영광, 우리의 행복, 인류의 유익과 관련되어 있습니다. 하나님께서 이러한 가르침을 베풀어 주시는 동기는 우리를 불행하게 만드시려는 것이 아니라 우리에게 유익을 주시기 위함입니다. 더 나아가서 하나님께서는 19절에서 가리키고 있는 것처럼, "내가 … 이것을 오늘 특별히 네게," 즉 우리 한 사람 한 사람에게 적시에 말씀해 주시는 것입니다. 주님의 말씀은 바로 오늘 우리에게 주어진 것입니다. 오늘 하나님을 믿으십시오. 오늘 하나님을 사랑하십시오. 오늘 하나님께 순종하십시오.

성경 말씀을 묵상할 때 하나님의 백성에게는 큰 기쁨이 찾아옵니다. 선지자 예레미야는 그것을 이렇게 썼습니다. "만군의 하나님 여호와시여, 나는 주의 이름으로 일컬음을 받는 자라. 내가 주의 말씀을 얻어먹었사오니 주의 말씀은 내게 기쁨과 내 마음의 즐거움이오나"(예레미야 15:16).

또 하나님의 말씀을 믿고 순종할 때 주님은 우리를 거룩한 삶으로 인도하십니다. 하나님의 말씀은 우리를 죄로부터 지켜 줍니다. 네비게이토 선교회의 창시자 도슨 트로트맨은 "하나님의 말씀이 여러분을 죄로부터 막아 주도록 하십시오. 그렇지 않으면 죄가 여러분을 하나님의 말씀으로부터 막아 버립니다"라는 말을 종종 하곤 했습니다. 이 말은 시편 기자가 한 말에 바탕을 두고 있습니다. "내가 주께 범죄치 아니하려 하여 주의 말씀을 내 마음에 두었나이다"(시편 119:11). 죄에 대한 유혹은 언제 어디서나 올 수 있습니다. 하나님의 자녀가 이 유혹에 맞설 수 있는 가장 큰 무기는 성경 말씀입니다. 성경 말씀이 마음속에 새겨져 있으면 성령께서는 우리 삶 가운데서 언제 어디서나 이 말씀을 사용하실 수 있습니다.

하나님께서 말씀을 통하여 주시는 경고와 약속들 안에는 그리스도인이 필요로 하는 모든 것이 다 들어 있습니다. 어둠 속에 있을 때는 빛을, 약할 때는 힘을, 외로울 때는 친구가 되어 주는 것입니다. 그러므로 말씀을 부지런히 마음속에 새기며, 말씀을 삶의 최종 권위와 안내자로 삼으십시오. 그러면 말씀은 당신의 모든 삶과 인격에 영향을 미쳐 당신을 의의 길로 인도할 것입니다.

예수님께서는 자기를 대적하는 자들에게, 그들의 문제는 하나님의 말씀이 그들 속에 거하지 않는 것이며, 그렇기 때문에 그들이 죄의 길로 달려간다고 말씀하셨습니다.

오스트레일리아를 방문하던 중에 아내와 나는 인간을 제물로 바친 이런 끔찍한 기사를 읽은 적이 있습니다.

> 뉴델리 : 지난 금요일 내무상 트리파티 씨가 보팔 시의 주의회에서 발표한 바에 따르면, 인도 중부 마디야프라데쉬 주의 어느 부족은 그 부족의 세 살짜리 어린 소녀를 희생 제물로 태워 죽였다고 한다. 그 부락은 보팔 시 동남부에 위치한 분자라이 마을인데, 내무상은 부락민들이 그 소녀 주위에 장작을 쌓고 불을 놓았다고 보고했다. 그 불 속에는 염소도 함께 제물로 바쳐졌다고 한다.

이 기사를 읽었을 때, 이 부족들이 범한 행위도 예수님을 죽이려 하던 자들과 마찬가지로 하나님의 말씀에 대한 무지에서 온 것이라는 생각이 들었습니다. 그들이 만일 성경을 알고 그 말씀에 순종했더라면 그 소녀는 죽지 않았을 것입니다.

지금까지 우리는 성경은 권위를 지닌 책이요, 하나님의 모든 계시가 총망라되어 있는 책이라는 사실을 살펴보았습니다. 성령께서는 우리 삶 가운데서 이 말씀을 사용하셔서 우리가 죄에 빠지는 것을 막아 주시고, 우리로 하여금 하나님을 올바르게 섬길 수 있게 해주십니다. 모세는 다음과 같이 말했습니다.

> 이러므로 너희는 나의 이 말을 너희 마음과 뜻에 두고, 또 그것으로 너희 손목에 매어 기호를 삼고, 너희 미간에 붙여 표를 삼으며, 또 그것을 너희의 자녀에게 가르치며, 집에 앉았을 때에든지 길에 행할 때에든지, 누웠을 때에든지, 일어날 때에든지 이 말씀을 강론하고. (신명기 11:18-19)

우리의 마음과 생각이 하나님의 말씀으로 충만해져서 그 말씀이 우리의 모든 말을 다스려야 합니다.

오늘날 이 세상에서는 영양 섭취를 잘해야 한다는 말이 끊임없이 우리 귀에 들려 오고 있습니다. 치아를 상하게 하고 뚱뚱하게 만들며 몸에 해로운 음식물은 멀리하고, 건강을 유지하는 데 필요한 비타민류와 미네랄을 섭취해야 한다고 광고를 많이 합니다. 다 옳은 말입니다. 그러나 육체는 유한하고 영혼은 영원합니다. **육체**의 건강을 유지하기 위하여 온갖 노력을 다하듯, 우리의 **영적** 건강을 유지하기 위해서도 부지런히 힘써야 합니다. 우리는 영적으로 강건함을 유지해야 하며, 그것은 성경 없이는 할 수가 없습니다. 성경은 우리의 영적 생명에 영양을 공급하기 위하여 하나님께서 택하신 방법입니다. 아무것도 성경을 대신할 수는 없습니다. 성경 말씀이 결핍되면 우리는 영적으로 병들게 됩니다.

성경의 위대한 인물들은 하나님의 말씀에 대한 배고픔과, 말씀을 의지하는 것과, 매일매일 말씀을 섭취하고자 하는 그들의 결심을 숨김없이 고백했습니다. 욥도 그런 사람이었습니다. "내가 그의 입술의 명령을 어기지 아니하고 일정한 음식보다 그 입의 말씀을 귀히 여겼구나"(욥기 23:12). 그는 하나님의 말씀을 섭취하는 일을 하루 세 끼 식사하는 것보다 귀히 여겼습니다.

다윗은 말씀의 사람이었습니다. 우리 삶 가운데서 성경 말씀이 차지하는 위치를 시편 19:7-11보다 더 잘 증거해 주는 말은 없을 것입니다.

> 여호와의 율법은 완전하여 영혼을 소성케 하고, 여호와의 증거는 확실하여 우둔한 자로 지혜롭게 하며, 여호와의 교훈은 정직하여 마음을 기쁘게 하고, 여호와의 계명은 순결하여 눈을 밝게 하도다. 여호와를 경외하는 도는 정결하여 영원까지 이르고, 여호와의 규례는 확실하여 다 의로우니, 금 곧 많은 정금보다 더 사모할 것이며 꿀과 송이꿀보다 더 달도다. 또 주의 종이 이로 경계를 받고 이를 지킴으로 상이 크니이다.

하나님의 말씀은 우리의 영혼을 소성케 하며 우리를 지혜롭게 하며 우리의 마음을 기쁘게 하며 우리의 눈을 밝게 합니다. 하나님의 말씀은 또한 영원하며 의롭습니다. 다윗은 하나님의 말씀이 금보다 더 가치가 있으며, 세상의 어떤 것보다도 더 우리에게 기쁨을 준다고 하였습니다. 다윗은 그 안에서 자신의 임무를 완수하고 인생 길의 함정을 피할 수 있게 해주는 경고를 발견했습니다.

다윗은 왜 자신의 일상 생활에서 하나님의 말씀이 주는 영향력을 이처럼 높이 생각했을까요? 역대상 10:13-14에서 그 해답을 발견할 수 있습니다.

> 사울의 죽은 것은 여호와께 범죄하였음이라. 저가 여호와의 말씀을 지키지 아니하고, 또 신접한 자에게 가르치기를 청하고 **여호와께 묻지 아니하였으므로** 여호와께서 저를 죽이시고 그 나라를 이새의 아들 다윗에게 돌리셨더라.

다윗은 사울이 하나님의 말씀에 등을 돌리고 기도를 하지 않았을 때 그에게 어떤 일이 일어났는가를 보았던 것입니다. 사울은 하나님의 말씀을 등한히 여기고 기도하기를 거절한 죄로 인하여 죽었습니다. 다윗이 사울을 대신하여 이스라엘의 왕위에 오르게 되었을 때, 주님의 말씀에 바탕을 둔 기도 생활을 계속하기로 결심한 것은 아마 사울의 비극적인 예를 보았기 때문인 점도 분명히 있을 것입니다.

우리가 아무리 영적으로 성장해도 우리에게는 성경 말씀이 필요합니다. 그 필요성은 결코 줄어들지 않습니다. 하나님의 말씀은 갓 구원받은 그리스도인의 삶에서뿐만 아니라 영적으로 장성한 성도들의 삶 가운데서도 다 같이 중요한 위치를 차지하고 있어야 합니다. 사도 요한이 이 점을 잘 지적하여 말했습니다.

> 자녀들아 내가 너희에게 쓰는 것은 너희 죄가 그의 이름으로 말미암아 사함을 얻음이요, 아비들아 내가 너희에

게 쓰는 것은 너희가 태초부터 계신 이를 앎이요, 청년들
아 내가 너희에게 쓰는 것은 너희가 악한 자를 이기었음
이니라. (요한일서 2:12-13)

먼저 요한은 그리스도 안에서 새로 태어난 영적 아이들에게 썼습니다. 그들은 하나님과의 교제를 배우고 있으며, 순종과 믿음으로 걸어가는 원리들을 이제 막 배우며 경험하고 있는 사람들입니다. 마지막으로 그는 청년들에게 썼는데, 그들은 영적으로 강하고 마귀를 대적하여 영적 전투를 하고 있는 사람들입니다. 그들의 안에는 하나님의 말씀이 거하고 있기 때문에 이미 악한 자를 이긴 자들입니다. 그리고 요한은 이 편지에서 아이들과 청년들 사이에 영적인 아비들에게 말합니다. 이들은 지혜와 경험이 풍부한 사람들입니다.

선지자 말라기는 이러한 영적 아비들의 한 사람에 대하여 이렇게 말했습니다.

> 그 입에는 진리의 법이 있었고 그 입술에는 불의함이 없었으며, 그가 화평과 정직한 중에서 나와 동행하며 많은 사람을 돌이켜 죄악에서 떠나게 하였느니라. 대저 제사장의 입술은 지식을 지켜야 하겠고 사람들이 그 입에서 율법을 구하게 되어야 할 것이니 제사장은 만군의 여호와의 사자가 됨이어늘. (말라기 2:6-7)

하나님께서는 가르치는 입장에 있는 자들에게 여러 교훈을 주셨습니다. 바울은 디모데에게 이렇게 말했습니다: "네가 진리의 말씀을 옳게 분변하며 부끄러울 것이 없는 일꾼으로 인정된 자로 자신

을 하나님 앞에 드리기를 힘쓰라"(디모데후서 2:15). 그는 디모데에게 "너는 말씀을 전파하라. 때를 얻든지 못 얻든지 항상 힘쓰라"(디모데후서 4:2)고 하였는데, 이 말씀은 곧 "진리의 말씀"이었습니다. 하나님의 말씀을 올바르게 전하려면 부지런한 연구와 관심이 필요한 것입니다. 성경공부의 주목적은 하나님께서 기뻐하시는 것을 찾아내고, 그것을 행하는 데 있습니다.

예수님께서는 분명하게 말씀하셨습니다. "내 말이 너희 안에 거하면 무엇이든지 원하는 대로 구하라." 이 약속은 기도와 하나님의 말씀 사이의 끊을 수 없는 관계를 다시 한번 우리에게 상기시켜 주고 있습니다. 기도는 계속하지만 성경을 무시하는 사람은 게으름 가운데서 꿈만 꾸는 사람이 되며, 성경공부는 계속하지만 기도를 하지 않는 사람은 딱딱하여 깨지기 쉬운 사람이 될 수가 있습니다. 우리에게는 기도와 성경이 다 필요합니다. 어느 한편이라도 소홀히 하지 맙시다.

000# 3
경 외

> 너희는 여호와 우리 하나님을 높여
> 그 발등상 앞에서 경배할지어다.
> 그는 거룩하시도다.
> 시편 99:5

당신이 다리에서 떨어져 물에 빠졌다고 가정해 봅시다. 때는 밤이요, 물은 얼음같이 차갑습니다. 당신은 당황했습니다. 수영도 할 줄 모릅니다. 물살은 세고 옷은 무거워 급속히 아래로 빠져들어 가는 것을 느낍니다. 구두에는 물이 가득 찼습니다. 외투는 물이 흠뻑 배었습니다. 이제는 마지막이라고 생각합니다. 이때, 놀랍게도 누군가가 다리에서 뛰어내려 당신에게로 헤엄쳐 와서 당신을 건져 강변으로 끌어올렸습니다. 당신은 구원을 받았습니다.

  두 사람 다 기진맥진하여 강둑에 잠시 누워 있습니다. 잠시 후 그가 당신의 팔을 부축하여 길 위로 올라가서 자기 차에 태우고 자기 집으로 데리고 갑니다. 차를 타고 가는 동안 당신은 내내 그에게 감사를 표하려고 애를 씁니다. 이제 그의 집에 도착해서 석 대를 동시에 주차시킬 수 있는 큰 차고로 차를 몰고 들어갑니다. 그때 처음으로 당신은 자신이 타고 온 차가 최고급 캐딜락이라는 사실을 알게 됩니다. 내려서 보니 다른 두 대의 차 역시 최고급 차였습니다. 집안으로 들어서니 하인들이 당신을 둘러싸고 급히 침실로 모시고 가서 옆에 딸린 욕실에서 따뜻한 물로 샤워를 하게 하고 마른 옷을 갈아입도록 합니다. 그 일이 끝나자 그들은 당신을 인도하여 거실로 들어가는데, 거기에는 벽난로에 따뜻한 불이 활활 타오르고 따뜻한 식사가 당신을 기다리고 있습니다. 당신은 이 집의 아름다움과 화려함에 압도되어 버립니다. 천장에는 거대한 크리스털 샹들리에가 달려 있고 바닥에는 두꺼운 양탄자가 깔려 있으며 배치되어 있는 가구는 최고급품들입니다. 이 집 주인은 큰 부호임이 틀림없습니다. 집주인은 당신을 편안하게 해주려고 온갖 노력을 아끼지 않았으며, 후에 자기가 손수 운전을 해서 초라한 당신의 집까지 데려다 줍니다.

당신이 다른 사람들에게 그 은인에 대한 이야기를 할 때 당신의 어조는 어떻게 되겠습니까? 그저 우연히 지나가다가 잠시 당신을 도와주고 가버린 여느 사람을 소개하듯 하겠습니까? 아니면 당신의 목소리에 경외와 존경의 표가 실려 있겠습니까? 당신은 그의 친절, 용기, 굉장한 부 등을 평범한 이웃 사람에 대하여 이야기하는 것과는 달리 말할 것입니다. 또한 그가 이따금씩 전화를 걸어서 당신의 건강을 물어 보며 당신을 위하여 무엇이든 더 도와줄 것이 없겠느냐고 묻는다면, 당신은 아마도 예의바른 태도와 존경이 가득 찬 마음으로 그에게 대답을 할 것입니다.

여러 달 동안 실직 상태에 있는 한 사람을 마음속에 그려 봅시다. 그는 매일같이 구인 광고를 보고 여기저기 다니면서 문을 두드려 보지만 취직을 하지 못합니다. 그러던 어느 날 그는 대기업의 인사과에 근무하는 담당 직원과 면담을 하게 됩니다. 그 직원은 그의 경력과 자격에 관심을 보입니다. 상세한 면담이 끝난 후 담당자가 잠시 기다리라고 말하면서 안으로 들어갑니다. 그는 마음이 졸

여서 온 몸이 따끔따끔 쑤시는 것 같습니다. 요 몇 주 동안에 수십 번이나 거절을 당해 왔는데 이제는 제발 좀 되었으면 좋겠다고 생각하면서 기다립니다. 온 몸에 땀이 나기 시작합니다. 가슴은 두근두근 더 빨리 뜁니다. 손바닥이 땀으로 젖고 목이 바싹바싹 탑니다. 이윽고 담당자가 나와서 자기를 따라오라고 하면서 사장님이 직접 만나고 싶어하신다는 전갈을 합니다. 사장님이 정말 나를 만나 보겠다고 하셨을까? 그렇습니다. 대재벌인 이 회사 사장님이 틀림없이 그렇게 말씀하셨다고 했습니다. 자, 이제 이 사람은 어떤 태도를 가지고 사장실에 들어갈까요? 문을 확 열고 들어가서 모자를 모자걸이에 획 던져 걸고서는 담배 연기를 훅 내뿜으면서 "안녕하슈, 재벌 양반?"이라고 하겠습니까? 아니면 얌전히 들어가서 사장님의 배려에 대하여 공손한 태도로 감사를 표하며 사장님과의 직접 면담을 다소 떨리는 마음으로 임하겠습니까?

이 두 이야기는 기도에 대한 현대인의 불건전한 태도와 연관지어 본 것입니다. 하나님께서는 사랑하는 아버지시며, 기도는 우리로 하여금 자기 앞에 나아오기를 원하시는 하나님과의 직접적인 의사소통이라는 것은 사실입니다. 그러나 성경에서 말하는, 은혜의 보좌 앞에 담대히 나아가라는 말은 **무례하게 나아가라**는 것을 뜻하지는 않습니다. 우리는 전능하신 하나님 존전에 건방진 말투로 "안녕하슈!" 하면서 들어갈 수는 없습니다. 천지와 바다와 그 가운데 만물을 창조하신 이가 우리 같은 사람에게 자기의 존전에 나아올 수 있도록 허락해 주셨다는 생각을 하면, 우리의 마음 가운데는 감사와 두려움과 경외의 마음이 가득 차야만 할 것입니다. 그분이 우리의 아버지가 된 것은 틀림없는 사실이지만 우리가 그분 앞에 나아갈 때는 "아빠, 안녕!" 하는 일상적인 인사 그 이상의 무엇이 있어야 합니다. 기도는 지나치게 형식적이고 의식적이어도 진정한 것이 될 수 없지만, 너무나 되는대로 해도 진정한 것이 될 수 없는 것입니다. 성경은 이 두 극단 사이의 균형을 요구하고 있습니다.

시편 111:9에서는 하나님의 이름이 "지존(至尊)하시다"고 했습니다. "여호와께서 그 백성에게 구속을 베푸시며 그 언약을 영원히 세우셨으니 그 이름이 거룩하고 **지존**하시도다." 이 구절에는 세 가지 사실이 언급되어 있는데, 그것은 곧 하나님의 구속하심과 그의 언약, 그리고 그의 이름입니다. 하나님의 이름은 거룩하고 지존하십니다.

우리는 구속에 대하여 잘 알고 있습니다. 그리스도께서 우리를 대신하여 십자가에 달려 죽으심으로써 우리를 구속하여 죄와 사탄의 사슬에서 풀어 주셨고, 그 결과 그리스도 안에 있는 믿음을 통하여 우리는 의롭다 하심을 얻었습니다. 곧 하나님께서 우리를 의롭다고 선언하신 것입니다. 우리는 또한 하나님께서 거룩한 분이시기 때문에 악이 조금도 없고 도덕적으로 완전하시다는 것을 압니다.

성경에서 그의 이름을 "지존하시다"고 한 뜻을 알고 있습니까? 지존이란 말의 의미가 마치 우리가 오래 내려온 가보(家寶)나 상품(賞品)에 대하여 느끼는 듯한 따뜻하고 센티멘털한 애착을 의미할까요? 아닙니다. **지존**이라는 말에는 **경외**의 의미가 들어 있습니다. 그래서 다윗은 다음 구절에 이렇게 썼습니다. "여호와를 **경외**함이 곧 지혜의 근본이라. 그 계명을 지키는 자는 다 좋은 지각이 있나니 여호와를 찬송함이 영원히 있으리로다"(시편 111:10).

하나님께 대한 경외심은 우리를 순종과 찬양의 생활로 이끌어 줍니다. 시편 89:6-7은 이 주제를 발전시키고 있습니다. "대저 궁창에서 능히 여호와와 비교할 자 누구며 권능 있는 자 중에 여호와와 같은 자 누구리이까? 하나님은 거룩한 자의 회중에서 심히 엄위하시오며 둘러 있는 모든 자 위에 더욱 두려워할 자시니이다."

하나님의 위대하심과 권능과 그 엄위하심에 비할 자나 비할 것이 무엇이 있겠습니까? 인간의 위대한 업적이나 대자연조차도 하나님의 위대하심 앞에서는 그 빛을 잃어버리고 하찮은 것이 될 수밖에 없습니다. 하나님께서 만드신 어떤 것을 가지고 하나님과 비교하려는 시도 자체가 마치 빅토리아 폭포를 부엌 싱크대의 수도꼭지와 비교하려는 것이나, 콜롬비아 우주선을 아이들의 장난감 플라스틱 비행기와 비교하려는 것과 다름없습니다. 영원하시고 거룩하신 하나님께서 유한하고 죄된 인간을 구하기 위하여 자기를 낮추신 겸손하신 모습은 히브리서 기자로 하여금 다음과 같은 반응을 나타내게 하였습니다: "그러므로 우리가… 은혜를 받자. 이로 말미암아 경건함과 두려움으로 하나님을 기쁘시게 섬길지니, 우리 하나님은 소멸하는 불이심이니라"(히브리서 12:28-29). 우리가 하나님 앞에 겸비함을 느끼지 않고서는 진정으로 예배를 드릴 수도 없으며, 그 앞에 기도로 나아가거나 그를 섬길 수도 없습니다.

우리가 하나님 앞에 나아갈 때는 건전한 경외심과 경건한 두려움이 있어야 한다는 생각을 분명하게 해주는 사실이 또 한 가지 있습니다. 성경이 우리에게 가르쳐 주는 바는 모든 믿는 자들이 다 하나님 앞에 제사장들이지만(요한계시록 1:5-6), 제사장들조차도 감히 하나님 앞에서는 무엄한 행동을 할 수 없었습니다. 구약에는 제사장 된 아론의 두 아들이 하나님의 존전에 불경하게 나아갔다가 자신들의 불경한 행동으로 말미암아 죽음을 당했던 예도 기록되어 있습니다.

아론의 아들 나답과 아비후가 각기 향로를 가져다가 여

호와의 명하시지 않은 다른 불을 담아 여호와 앞에 분향
하였더니 불이 여호와 앞에서 나와 그들을 삼키매 그들
이 여호와 앞에서 죽은지라. 모세가 아론에게 이르되,
"이는 여호와의 말씀이라. 이르시기를 '나는 나를 가까이
하는 자 중에 내가 거룩하다 함을 얻겠고 온 백성 앞에
내가 영광을 얻으리라' 하셨느니라." (레위기 10:1-3)

그들의 죄는 무엇이었습니까? 이 두 젊은 제사장들은 하나님께서 그들에게 가르쳐 주신 방법대로 나아가지 않고 그들 마음대로 법도에 어긋나게 함부로 하나님 앞에 나아갔던 것입니다.

여기서 우리는 한 가지 교훈을 배웁니다. 우리는 기도로 하나님께 가까이 나아갈 때에 우리 마음 가운데서 하나님을 "거룩하게 해드려야" 합니다. 즉, 우리 마음 가운데서 그분을 거룩하신 분으로 구별해야 합니다. 우리 편에서 나타내는 그러한 경외는 우리 안에 참된 겸손을 만들어 낼 것입니다. 이런 방법으로 하나님께 나아갈 때 우리는 하나님 앞에서 믿음직하고 특권을 가진 자녀로서 받아들여집니다. 히브리서 10:19-22은 이 복스러운 사실을 역설하고 있습니다.

그러므로 형제들아, 우리가 예수의 피를 힘입어 성소에
들어갈 담력을 얻었나니, 그 길은 우리를 위하여 휘장 가
운데로 열어 놓으신 새롭고 산 길이요, 휘장은 곧 저의
육체니라. 또 하나님의 집 다스리는 큰 제사장이 계시매
우리가 마음에 뿌림을 받아 양심의 악을 깨닫고 몸을 맑
은 물로 씻었으니 참 마음과 온전한 믿음으로 하나님께
나아가자.

우리는 새로운 길 즉, 생명의 길을 통하여 하나님의 존전에 들어갈 수 있습니다. 그리스도께서는 우리로 하여금 믿음의 온전한 확신 가운데서 하나님께 나아갈 수 있도록 해주시기 위하여 보혈을 흘리셨습니다. 그러나 우리는 절대로 불경한 태도로 그분 앞에 나아가서는 안 됩니다.

경외란 겸손히 하나님을 기다리는 태도입니다. 다윗은 이렇게 말했습니다. "나의 영혼아, 잠잠히 하나님만 바라라. 대저 나의 소망이 저로 좇아 나는도다"(시편 62:5). 잠잠히 하나님만 바란다는 것은 인간적 힘을 의지하지 않고 오직 하나님만을 전적으로 의뢰하는 태도입니다. 우리 그리스도인의 마음속에는 영광 중에 계시는 하나님을 향한 경외심과 아울러 사랑의 아버지로서의 하나님을 향한 어린아이와 같은 신뢰심이 균형을 이루고 있어야 합니다. 그러나 슬프게도 오늘날 하나님의 이름을 함부로 부르는 사람들이 많이 있습니다.

사무엘상 6:1-21에 기록되어 있는 사건도 같은 교훈을 가르쳐 주고 있습니다. 블레셋 사람들이 하나님의 궤를 빼앗아 7개월 동안 가지고 있었던 적이 있었습니다. 그러나 그 궤는 그들에게 아무 복도 되지 못하고 도리어 재앙만 가져다 주었습니다. 사무엘상 5장에는 그들이 하나님의 궤를 돌려보내기로 결정한 내용이 기록되어 있습니다.

> 이에 보내어 블레셋 모든 방백을 모으고 가로되 "이스라엘 신의 궤를 보내어 본처로 돌아가게 하고 우리와 우리 백성 죽임을 면케 하자" 하니 이는 온 성이 사망의 환난을 당함이라. 거기서 하나님의 손이 엄중하시므로. (사무엘상 5:11)

그들은 궤를 수레에 싣고 젖 나는 암소 두 마리를 끌어다가 수레를 메우고 송아지들은 어미에게서 떼어 집에 가두고 어미 소들만 수레를 끌고 벧세메스 길로 향하게 하고서는 출발시켰습니다. 소들은 좌우로 치우치지 않고 바로 행하여 지정한 지점까지 왔습니다. 농촌에서 자란 사람이라면 이 단순한 이야기가 사실은 하나의 기적이라는 사실을 알 것입니다. 무엇보다도 먼저 암소에게서 송아지를 떼어놓는다는 것은 쉬운 일이 아니며, 또한 새끼 딸린 암소가 그처럼 쉽게 멍에를 멘다는 것도 흔치 않은 일이요, 게다가 벧세메스까지 마치 화살이 날아가듯이 똑바로 쉬지 않고 걸어갔다는 사실도 상당히 신기한 일입니다. 하나님께서 분명히 말 못하는 짐승들을 인도하셨습니다.

궤를 받자마자 레위인들이 올바른 행동을 취했습니다.

> 레위인은 여호와의 궤와 그 궤와 함께 있는 금 보물 담긴 상자를 내려다가 큰 돌 위에 두매 그 날에 벧세메스 사람들이 여호와께 번제와 다른 제를 드리니라. (사무엘상 6:15)

그러나 그 직후 그들은 치명적인 실수를 범했습니다. 그 궤를 열고 들여다보았던 것입니다.

> 벧세메스 사람들이 여호와의 궤를 들여다본 고로 그들을 치사 (오만) 칠십 인을 죽이신지라. 여호와께서 백성을 쳐서 크게 살육하셨으므로 백성이 애곡하였더라. (사무엘상 6:19)

그들은 왜 궤를 열었을까요? 그것은 대제사장조차도 일 년에 한 번밖에는 볼 수 없었으며, 그 직후에는 다시 그것을 다른 사람들이 보지 못하도록 향연(香煙)이 피어오르는 가운데 감추어 두어야 한 다는 사실을 그들은 알고 있었습니다. 그러나 인간은 금지된 일을 꼭 해보고 싶어하는 별난 속성이 있습니다. 어떤 책이 판매 금지를 당하면 그 책의 판매량이 늘어난다는 것을 출판업자라면 다 알고 있습니다. 아마 벧세메스 사람들의 경우에는 단순한 호기심 때문에 그렇게 했는지도 모릅니다. 비록 하나님께서 그것을 금하셨지만 그들은 그것을 살짝 보고 싶어했습니다. 혹은 하나님의 것들에 너무 허물없이 굴다 보니 무엄해지고 도가 지나쳐서 자신들의 불순종 때문에 생명을 잃어버리는 대가를 지불하게 되었는지도 모릅니다.

이 사건을 통하여 우리는 어떤 교훈을 배울 수 있겠습니까? 시편 기자는 하나님의 능력과 거룩하심은 존경을 요구하고 있다고 말합니다.

여호와께서 통치하시니 만민이 떨 것이요, 여호와께서 그룹 사이에 좌정하시니 땅이 요동할 것이로다. 여호와께서 시온에서 광대하시고 모든 민족 위에 높으시도다. 주의 크고 두려운 이름을 찬송할지어다. 그는 거룩하시도다. 왕의 능력은 공의를 사랑하는 것이라. 주께서 공평을 견고히 세우시고 야곱 중에서 공과 의를 행하시나이다. 너희는 여호와 우리 하나님을 높여 그 발등상 앞에서 경배할지어다. 그는 거룩하시도다. 그 제사장 중에는 모세와 아론이요, 그 이름을 부르는 자 중에는 사무엘이라. 저희가 여호와께 간구하매 응답하셨도다. 여호와께서 구름 기둥에서 저희에게 말씀하시니, 저희가 그 주신 증거와 율례를 지켰도다. 여호와 우리 하나님이여, 주께서는 저희에게 응답하셨고 저희 행한 대로 갚기는 하셨으나 저희를 사하신 하나님이시니이다. 너희는 여호와 우리 하나님을 높이고 그 성산에서 경배할지어다. 대저 여호와 우리 하나님은 거룩하시도다. (시편 99편)

이 시편의 한 구절 한 구절은 우리에게 주님을 찬양하고, 높이고, 경배하라고 명령하고 있습니다. 왜 그렇습니까? 1절에서는 "여호와께서 통치"하시기 때문이라고 말합니다. 하나님께서는 왕이십니다. 온 우주가 다 그분의 명령 아래에 있습니다. 하나님께서 전능하시며 온 우주를 통치하신다는 것을 생각할 때 우리는 하나님을 높이지 않을 수 없는 것입니다.

나는 하나님의 절대주권에 대한 단순한 성서적 진리가 어떤 사람의 술을 번쩍 깨게 했던 일을 기억하고 있습니다. 호놀룰루에 갔을 때 군인들에게 말씀을 전할 약속이 있어서 와이키키 해변에 있는 어느 호텔 앞에서 나를 태우러 올 우리 네비게이토 선교회 간사를 기다리고 있는데, 갑자기 술에 취한 어떤 남자가 비틀거리며 다가오더니 한 뭉치의 돈을 내 코앞에서 흔들면서 "이게 바로 세상을 지배하는 거요!" 하고 소리치는 것이었습니다. 나는 깊이 생각할 것도 없이 즉시 그의 코앞에 내 성경을 흔들어 보이며, "그건 틀렸소. 하나님께서 세상을 지배하십니다"라고 말했습니다. 그는 그 성경을 한번 보더니 금방 어조가 달라졌습니다. "물론입니다. 저도 그건 압니다. 저도 교회에는 충실히 다니는 사람이거든요." 그러면서 그는 자기에게도 진실한 신앙심이 있다는 것을 내게 확신시키려 애쓰는 것이었습니다.

진실로 하나님께서는 이 세상을 지배하고 계십니다. 그와 같은 두려운 사실을 기초로 하여 시편 기자는 우리에게 "너희는 여호와 우리 하나님을 높이고 그 성산에서 경배할지어다"라고 말하였습니다.

하나님의 위대하심을 바라볼 때 우리 마음 가운데는 깊은 겸손의 감정이 솟아나지 않을 수 없습니다. 하나님 앞에 서면 나 자신의 보잘것없는 모습을 의식하지 않을 수 없게 됩니다. 하나님을 높인다는 말은 다른 면으로 볼 때 스스로 그 앞에서 겸비한다는 말입니다.

하나님의 전능하심과 그분의 거룩하심, 위대하심, 공의, 공평, 영광, 위엄은 밀접하게 연관되어 있습니다. 모세는 이렇게 말했습니다: "여호와여, 신 중에 주와 같은 자 누구니이까? 주와 같이 **거룩함에 영광스러우며** 찬송할 만한 위엄이 있으며 기이한 일을 행하는 자 누구니이까?"(출애굽기 15:11). 애굽을 비롯한 수많은 이방 민족들은 마치 인간들이 그러하듯, 때로는 잔인하고 화도 잘 내고 변덕스러운 신들을 수도 없이 가지고 있었습니다. 이 세상에서 위대한 사람들은 자기 자신들이 신(神)인 양 보이려 한 일도 가끔씩 있었습니다. 그러나 모세는 그들과 비교하여 하나님을 무한히 위대하신 위치로 높였습니다.

선지자 이사야는 전능하심과 거룩하심이라는 두 속성을 연결시켜서 하나님의 모습을 다음과 같이 그리고 있습니다.

> 웃시야 왕의 죽던 해에 내가 본즉, 주께서 높이 들린 보좌에 앉으셨는데 그 옷자락은 성전에 가득하였고, 스랍들은 모셔 섰는데 각기 여섯 날개가 있어 그 둘로는 그 얼굴을 가리었고, 그 둘로는 그 발을 가리었고, 그 둘로는

날며 서로 창화하여 가로되, "거룩하다, 거룩하다, 거룩하
다. 만군의 여호와여, 그 영광이 온 땅에 충만하도다." (이
사야 6:1-3)

이사야는 이와 같은 하나님의 거룩하신 모습을 보고서는 아무 가치 없는 자신의 모습을 깊이 느끼게 됩니다. "그때에 내가 말하되, 화로다, 나여. 망하게 되었도다. 나는 입술이 부정한 사람이요, 입술이 부정한 백성 중에 거하면서 만군의 여호와이신 왕을 뵈었음이로다"(이사야 6:5).

겸손은 하나님의 거룩하심 앞에서 경외의 필수적인 부분인 것입니다. 말라기는 언젠가는 하나님께서 받으시게 될 우주적인 경외에 대하여 이렇게 말했습니다.

만군의 여호와가 이르노라. 해 뜨는 곳에서부터 해 지는
곳까지의 이방 민족 중에서 내 이름이 크게 될 것이라.
각처에서 내 이름을 위하여 분향하며 깨끗한 제물을 드
리리니, 이는 내 이름이 이방 민족 중에서 크게 될 것임
이니라. (말라기 1:11)

세계 방방곡곡에서 하나님의 이름을 높이고 경외하게 될 제자들이 일어날 것입니다.

요한계시록 5:9은 그 예언의 성취를 이렇게 그리고 있습니다: "새 노래를 노래하여 가로되, 책을 가지시고 그 인봉을 떼기에 합당하시도다. 일찍 죽임을 당하사 각 족속과 방언과 백성과 나라 가운데서 사람들을 피로 사서 하나님께 드리시고." 그 끝 부분은 환희의 클라이맥스로 끝납니다.

내가 또 보고 들으매, 보좌와 생물들과 장로들을 둘러선 많은 천사의 음성이 있으니 그 수가 만만이요 천천이라. 큰 음성으로 가로되, "죽임을 당하신 어린양이 능력과 부와 지혜와 힘과 존귀와 영광과 찬송을 받으시기에 합당하도다" 하더라. 내가 또 들으니 하늘 위에와 땅 위에와 땅 아래와 바다 위에와 또 그 가운데 모든 만물이 가로되, "보좌에 앉으신 이와 어린양에게 찬송과 존귀와 영광과 능력을 세세토록 돌릴지어다" 하니, 네 생물이 가로되 "아멘" 하고 장로들은 엎드려 경배하더라. (요한계시록 5: 11-14)

이것은 경외, 즉 하나님 앞에서의 깊은 겸손과 경건한 두려움을 보여 주는 장면입니다.

그 장엄한 장면을 마음 가운데 고정시켜 놓고 다음 질문에 대하여 생각해 보십시오. 어느 날엔가에는 당신도 전능하시고 거룩하신 우리 하나님의 존전으로 인도될 것입니다. 그때의 당신의 모습은 어떠하겠습니까? 당신은 부차적인 것들에 잔뜩 사로잡혀 가지고 어슬렁거리며 그의 존전으로 들어가고 있겠습니까? 그렇게 되어서는 안 됩니다. 그날 당신에게 나타날 그 태도가 바로 오늘의 당신 마음의 태도가 되어야 할 것입니다. 그날 자신에게서 깊은 경외의 태도를 보고 싶다면, **지금** 깊은 경외의 마음을 가지고 은혜의 보좌 앞에 나아가십시오.

4
순 종

> 무엇이든지 구하는 바를 그에게 받나니
> 이는 우리가 그의 계명들을 지키고
> 그 앞에서 기뻐하시는 것을 행함이라.
> 요한일서 3:22

1981년 7월 4일자 콜로라도스프링스 시 관보에는 덴버 동물원에서 앨버트라는 이름을 가진 악어가 도망갔다고 발표했습니다. 도망한 지 15일이 지난 후 앨버트는 근처 호수에서 살고 있다는 사실이 확인되었는데, 이 동물은 그곳을 지나던 여행자들의 눈에 간간이 띄곤 했습니다. 동물원 직원들은 잠수 장비와 쾌속정을 동원하여 이 악어를 잡으려고 했지만 번번이 놓치곤 했습니다. 먹이를 미끼로 그 놈을 잡으려고 해도 호수에 잉어나 메기 따위의 물고기가 풍부하기 때문에 아무 소용이 없다고 합니다. 최근에는 앨버트가 뭍으로 올라왔을 때 마침 호반에 모여 있던 사람들이 돌멩이와 음료수 병을 던졌습니다. 동물원 부주임 마이크 킨지 씨는 사람들이 그 놈에게 무엇을 던져서 다치게 할까 봐 걱정을 했습니다. 동물원 담당 직원들에게는 또 다른 염려들도 있었습니다. 만약 마음씨 나쁜 사람들이 그 놈을 잡기라도 하는 날이면 그 놈은 악어 핸드백으로 변해 버릴 가능성도 배제할 수 없었습니다. 만약 그 악어가 호수를 떠나 뭍으로 올라와 큰길에서 어슬렁거리기라도 하는 날이면 지나가는 승용차나 트럭에 치일지도 모를 일이었습니다. 앨버트는 정말로 위험에 처해 있었지만 자신은 그걸 모르고 있었습니다.

최근에 시편 121편을 읽다가 "여호와는 너를 지키시는 자라"는 대목에 큰 감명을 받았습니다. 얼마나 축복된 말씀입니까! 내가 전능하신 하나님의 그늘 아래에 거할 때 하나님께서는 나의 모든 길에서 나를 지켜 주시기 위해 있는 힘을 아끼지 아니하십니다(시편 91:1,11). 그러나 앨버트처럼 나도 이 축복되고 안전한 곳을 떠나 내 마음대로 독립적인 삶을 살려 할 수도 있습니다. 그러나 그 삶은 곧 불순종하고 반항하는 삶인 것입니다. 그렇게 된다면 나는 위험에 처하게 됩니다. 세상과 육신과 마귀는 자유와 흥미가 넘치고 신나는 경험들을 주는 것처럼 나타날지도 모르지만, 불순종의 쓴 열매를 맛본 사람들은 그 정체를 잘 알고 있습니다. 마귀는 신나는 것들과 성공으로 번쩍거리는 삶을 약속하지만 그것은 다 거짓말입니다. 하나님의 말씀에 꾸준히 순종하는 생활이 참 기쁨과 자유에 이르는 유일한 참된 길입니다. 나는 하나님으로부터 도피할 수도 있지만, 그것은 나 스스로를 해치고 파멸에 이르는 길인 것입니다. 순종의 삶은 열매가 풍성한 봉사의 삶과, 그리스도 안에서 하나님과의 즐거운 교제 및 형제 자매들과의 즐거운 교제, 하나님의 말씀을 통한 인도, 능력 있는 기도의 삶의 기초가 되는 것입니다.

사도 요한은 기도의 응답이 순종과 연결되어 있음을 밝혀 주고 있습니다. "무엇이든지 구하는 바를 그에게 받나니, 이는 우리가 그의 계명들을 지키고 그 앞에서 기뻐하시는 것을 행함이라"(요한일서 3:22). 우리가 하나님의 말씀을 듣고 그 명령을 행할 준비만 되어 있다면 하나님께서는 성경을 통하여 우리에게 말씀해 주십니다. 또한 우리가 순종할 준비만 되어 있으면 우리의 기도에 응답을 해주십니다. 이 구절에서 "지키고"와 "행함이라"는 단어는 현재형입니다. 그러므로 요한은 순종이 **생활화**되어야 한다는 것을 가르쳐 주고 있습니다. 하나님으로부터 온 명령을 그때 그때마다 지킬까 말까를 결정하기 위하여 심사숙고하는 사람은 이 약속을 주장할 수 없습니다. 그 약속은, 사도 베드로의 감동적인 선언, "사람보다 하나님을 순종하는 것이 마땅하니라"(사도행전 5:29)는 말씀 그대로 순종하는 삶을 살기로 깊이, 그리고 철저히 헌신한 사람들에게만 유효한 것입니다. 즉각적으로 순종하고, 지속적으로 순종해야 합니다. 편리할 때만 순종하며, 자기에게 유익할 때나 합리적일 때만 순종하는 것은 금물입니다. 기도의 응답을 규칙적으로 지속적으로 받으려면, 규칙적으로 지속적으로 순종을 해야 합니다. 순종하는 사람의 기도는 하나님의 존귀와 영광을 향하고 있습니다. 그런 기도는 또한 그 사람의 영적인 성장에 기여합니다.

구약에서는 순종이 기도 응답의 필수 조건임을 강조하고 있습니다. "악인의 제사는 여호와께서 미워하셔도, 정직한 자의 기도는 그가 기뻐하시느니라. 악인의 길은 여호와께서 미워하셔도, 의를 따라가는 자는 그가 사랑하시느니라"(잠언 15:8-9).

하나님의 마음을 움직이는 기도의 삶을 향상시킬 수 있는 방법을 한 가지 제안하겠습니다. 기도할 때마다 자신에게 이렇게 물어 보십시오. "바로 지금 이 순간 내가 하는 기도를 혹 주님이 싫어하시지나 않을까? 아니면 주님이 기뻐하실까?" 다윗의 기도를 사용하여 기도해 보십시오. "하나님이여, 나를 살피사 내 마음을 아시며, 나를 시험하사 내 뜻을 아옵소서. 내게 무슨 악한 행위가 있나 보시고 나를 영원한 길로 인도하소서"(시편 139:23-24).

다윗은 비생산적이요 패배적인 자기 분석에 빠지지 아니하였습니다. 이러한 자기 분석은 무익합니다. 그는 하나님께서 그를 시험하여, 하나님께 고백하지 않고 숨기고 있는 죄가 있다면 드러내 보여 주시도록 기도했습니다. 나 스스로 나를 살피려고 해봐야 어두운 유리를 통하여 보듯 희미하게밖에는 볼 수 없습니다. 그렇게 되면 나는 나의 허물들을 보지 못하고 놓쳐 버리고 말며, 어떤 잘못들에 대해서는 발뺌하기 일쑤입니다. 그리고 자기 합리화에 빠집니다. 그러나 하나님께서 살피신다면 문제는 달라집니다. 그분의 눈은 날카롭고, 그분의 판단은 참됩니다. 꿰뚫어 보시는 그분의 눈길 앞에서 내 영혼은 투명하게 드러납니다.

그러기에 다윗은 하나님께서 그를 살피시기를 간절히 원했습니다. 그는 자기 삶의 창문들을 활짝 열어 놓고 성령께서 죄를 소멸하고 생명을 주는 미풍을 불어넣으실 수 있게 하였습니다. 그는 자기 안에 숨어 있는 죄를 찾아내어 없애 주시도록 하나님의 도우심을 구했습니다.

그와 같은 열린 태도는 현대 사회에서는 사실상 찾아보기가 쉽지 않습니다. 겹겹이 막아 버리는 것이 정상인 것처럼 보입니다. 그러나 다윗은 하나님께, 진리에 이르기 위하여 필요하다면 어떤 수단이든지, 그것이 얼마나 괴롭든지 간에, 사용해 주시기를 간청했습니다. 욥의 말을 상기합시다. "내가 그의 입술의 명령을 어기지 아니하고 일정한 음식보다 그 입의 말씀을 귀히 여겼구나"(욥기 23:12). 다윗은 모든 것을 다 알고 계시며, 은혜로우시고, 사랑이 많으신 하나님께서 자기 마음을 살피시고, 구석구석까지 다 조사해 보시고, 잘못된 곳을 비춰 주시고, 그것을 그의 은혜로 깨끗케 해주시며, 죄의 길에서 벗어나 영원한 길로 인도해 주시기를 간청했습니다. 하나님께서 이 일을 하시는 데 주로 사용하시는 것은 그의 말씀입니다. "하나님의 말씀은 살았고 운동력이 있어 좌우에 날선 어떤 검보다도 예리하여 혼과 영과 및 관절과 골수를 찔러 쪼개

기까지 하며 또 마음의 생각과 뜻을 감찰하나니"(히브리서 4:12).
　다윗이 기도한 내용을 읽으면 어느 공항에서 어떤 승객의 가방을 세밀히 검사하던 세관원이 생각납니다. 그는 그 승객의 전기 면도기를 다 분해해 보고, 말아 둔 양말을 다 풀어 보며, 서류 가방의 안감까지 다 만져 보고, 심지어는 티셔츠 하나 하나까지 다 펴서 조사하고, 탁상시계 윗덮개까지 일일이 풀어 보는 것이었습니다. 그런 식으로 일일이 통관 검사를 받는 사람은 흥분되고, 신경질이 나며, 불쾌해질 수밖에 없습니다. 그렇게 하는 것을 좋아할 사람은 아무도 없습니다. 그러나 다윗은 기도를 통하여 보통 사람과는 정반대의 태도를 취했습니다. 그는 하나님께 자기의 마음을 마치 그 공항의 세관원처럼 철저히 조사해 달라고 부탁했던 것입니다.
　다윗의 이 위대한 기도를 우리 자신의 것으로 만드는 데 문제가 되는 것 한 가지는 우리가 이런 내용에 익숙해져 있어서 별로 걸림을 받지 않는 데 있습니다. 우리는 이 구절을 대단히 많이 들어 왔습니다. 이 구절을 암송하고 있기도 합니다. 이 말씀이, 우리가 익히 알고 있다는 사실 때문에 너무나 힘이 없어져서 우리의 양심에 아무 흔적도 남기지 못한다는 것입니다. 이 문제를 극복하기 위하여 다음번에 기도할 때는 이 내용을 가지고 "나를," "살피사," "아시며," "시험하사," "무슨"이라는 말을 강조하여 기도하십시오. 그렇게 하면 두 가지 일을 하게 되는 셈입니다. 첫째로, 당신은 위대한 의사에게 당신의 심장에 무슨 숨겨진 질병이라도 없는지 검사하도록 맡기는 것입니다. 그분은 당신을 치료하기에 앞서서 진찰부터 해야 하는 것입니다. 둘째로, 당신의 삶 가운데는 하나님 자신만이 큰 능력으로 물리치실 수 있는 대적들이 들어와 있다는 사실을 인정하는 것입니다.
　시편 기자는 기도에 대한 하나님의 응답을 받으려면 우리의 삶이 순종하는 삶이 되어야 한다는 절대적인 필요성을 알고 있었습니다. "내가 내 마음에 죄악을 **품으면** 주께서 듣지 아니하시리라"(시편 66:18). 죄악을 품는다는 것이 무슨 뜻인지 예를 들어 설명하겠습니다. 나는 제2차 세계대전 중 태평양의 어느 전투에서 부상을 입은 적이 있습니다. 그 부상으로 과달카날에 있는 해군병원에 수용되었다가 거기서 일단 치료를 받은 다음 다른 부상자들과 함께 선편으로 호놀룰루에 있는 해군병원으로 이송되었습니다. 하와이에 도착하면서부터 우리는 외출을 몹시 기다렸습니다. 지팡이나 목발을 짚고 시내를 절름거리며 돌아다니면서 다시 한번 문명의 맛을 조금이라도 즐겨 보고 싶었던 것이었습니다. 그때 내가 몹시 먹고 싶어했던 것은 아이스크림이었습니다. 마침내 외출이 허락되었습니다. 나는 병원에서 나와 곧장 아이스크림 가게로 들어갔습니다. 점원 아가씨가 무얼 드시겠느냐고 물었을 때 나는 진열장에 들어 있는 커다란 종합 세트를 가리키면서 거기에 가득 채워 달라고 했습니다. 그 아가씨는 놀라는 눈치였지만 아무 말 없이 각종 아이스크림을 그릇마다 가득 담아 주었습니다. 나는 자리에 앉아 그토록 먹고 싶었던, 꿈에도 그리던 맛있는 아이스크림을 먹기 시작했습니다. 나는 그걸 허겁지겁 먹지 않고 한 입 한 입 떠 넣고 천천히 먹었습니다. 한 숟갈 한 숟갈 먹을 때마다 입 안에서 혀 끝으로, 혀 위로, 혀 아래로 한 바퀴 돌려 가며 그 맛을 음미했습니다. 너무 좋았습니다. 너무 맛있었습니다. 그 맛은 내게 즐거움을 주었고 수개월 동안이나 갈망해 오던 것을 채워 주었습니다. 나는 순전한 즐거움 가운데서 그 맛을 즐겼습니다. 나는 그것을 오랫동안 떨어져 있던 친구를 대하는 것같이 대했습니다. 그것을 마치 내 집을 방문한 손님을 환영하듯이 대했으며, 온갖 상상을 다하며 탐욕스러운 마음으로 그걸 먹었습니다. 이제 그것과 헤어진다는 생각을 하면 슬프고 고민스럽기까지 했습니다.

내가 죄를 그런 식으로 대한다면 하나님께서는 내 기도를 듣지 않으실 것입니다. 하나님의 뜻과는 정반대 되는 삶을 살면서, 그런 삶을 살 수 있도록 하나님의 도우심을 구한다는 것은 두말할 것도 없이 어리석은 짓입니다. 이와 같이 죄를 사랑하고 있다면, 그것은 나의 기도가 하나님 앞에 상달되는 것을 막을 뿐만 아니라, 하나님으로부터 오는 응답도 막아 버립니다. 내가 죄를 즐기고 있는 동안에는 하나님께서 내 기도에 주의를 기울이지 않으십니다. 그러나 우리가 명심해야 할 것은 비록 이 세상과, 육신과, 마귀가 우리 삶 가운데서 일시적으로는 승리를 할지 모르지만 상황은 결코 절망적인 것이 아니라는 사실입니다. 성령의 깨우침을 받아, 자기의 죄를 자백하고 부끄러워하는 가운데 하나님 아버지께로 돌아서는 그리스도인에게는 하나님께서 그 모든 잘못을 깨끗게 해주십니다. 깨끗케 된 하나님의 자녀는 비로소 확신을 가지고 기도할 수 있습니다. 그러나 그런 자백을 하기 전까지는 성령과 믿음과 열정으로 기도할 수 없습니다.

죄에 대항하는 대신 그것을 즐기는 사람은 어떤 종교적인 행위를 통하여 하나님의 호의를 얻으려고 노력하는 경우가 종종 있습니다. 선지자 이사야는 이스라엘 백성에게서 이 경향이 나타나는 것을 보고 그것을 쳐서 말했습니다.

"너희 소돔의 관원들아, 여호와의 말씀을 들을지어다. 너희 고모라의 백성아, 우리 하나님의 법에 귀를 기울일지어다. 여호와께서 말씀하시되, 너희의 무수한 제물이 내게 무엇이 유익하뇨? 나는 수양의 번제와 살진 짐승의 기름에 배불렀고, 나는 수송아지나 어린 양이나 수염소의 피를 기뻐하지 아니하노라. 너희가 내 앞에 보이러 오니 그것을 누가 너희에게 요구하였느뇨? 내 마당만 밟을 뿐이니라. 헛된 제물을 다시 가져오지 말라. 분향은 나의 가증히 여기는 바요, 월삭과 안식일과 대회로 모이는 것도 그러하니, 성회와 아울러 악을 행하는 것을 내가 견디지 못하겠노라. 내 마음이 너희의 월삭과 정한 절기를 싫어하니 그것이 내게 무거운 짐이라. 내가 지기에 곤비하였느니라. 너희가 손을 펼 때에 내가 눈을 가리우고 너희가 많이 기도할지라도 내가 듣지 아니하리니, 이는 너희의 손에 피가 가득함이니라.

"너희는 스스로 씻으며, 스스로 깨끗케 하여 내 목전에서 너희 악업을 버리며, 악행을 그치고, 선행을 배우며, 공의를 구하며, 학대받는 자를 도와주며, 고아를 위하여 신원하며, 과부를 위하여 변호하라 하셨느니라. 여호와께서 말씀하시되, 오라 우리가 서로 변론하자. 너희 죄가 주홍 같을지라도 눈과 같이 희어질 것이요, 진홍같이 붉을지라도 양털같이 되리라. 너희가 즐겨 순종하면 땅의 아름다운 소산을 먹을 것이요, 너희가 거절하여 배반하면 칼에 삼키우리라. 여호와의 입의 말씀이니라." (이사야 1:10-20)

하나님께서 그들에게 요구하신 것은 하나님의 말씀을 그들의 삶의 척도로 삼으라는 간단한 것이었습니다. 그러나 그들에게는 다른 계획들이 있었습니다. 죄를 회개하고 주님께로 돌아서는 대신 그들은 희생 제물과 번제와 분향으로 하나님의 환심을 사려고 노력했던 것입니다. 그들은 특정한 형식과 의식을 통하여 하나님께로 가기를 열망했습니다. 그들은 그릇된 일을 하려고 올바른 시간에 올바른 장소로 갔습니다. 그들의 마음에는 하나님께 대한 사랑과 그분의 법에 대한 순종이 없었습니다. 그들은 제물을 드리고자 하는 열망은 더욱 불탔지만, 자신들의 죄를 버리려 하지는 않았습니다. 순종 없는 의식은 다 하나님께 모욕이 되는 것입니다. 그들을 향한 하나님의 말씀은 "악행을 그치라. 선행을 배우라. 내게 와서 순종하라"는 것이었습니다. 그러나 그들의 생각은 순종과는 거리가 멀었습니다. 그들은 계속 죄짓기를 원하면서 하나님께는 종교적인 행위로 뇌물을 드리려 했던 것입니다.

　내가 알고 있는 한 젊은이는 몇 년 간이나 하나님께 불순종하는 삶을 살아오고 있습니다. 그를 만나거나 전화로 대화를 할 때마다 그는 늘 옳은 말만을 했습니다. 그는 야고보서도 계속 읽고 있었습니다. 기도도 계속했습니다. 성경 말씀도 암송했습니다. 끊이지 않고 꾸준히 계속해 왔습니다. 하나님께 순종하는 삶을 사는 것을 제외하고는 무엇이든지 다 할 사람 같았습니다. 그는 스스로 비참해졌습니다. 울기도 했습니다. 우리에게 기도 부탁도 했습니다. 그의 삶은 예수님께서 마태복음 7:24-27에서 이야기하신, 모래 위에 기초를 둔 바로 그런 삶이었습니다.

　참으로 안타깝고 슬픈 일이 아닐 수 없습니다. 모래 위에 집을 지은 자도 반석 위에 집을 지은 자 못지않게 열심히 일을 했습니다. 두 사람 다 한낮의 뜨거운 햇살에 땀을 흘려 가며 망치질을 하고 톱질을 하고 페인트칠을 했습니다. 그러나 그중 한 사람에게는 그 모든 수고가 아무 소용이 없는 일이었습니다. 올바른 기초 위에 집을 짓지 않았던 것입니다. 그중 지혜로운 사람은 예수님의 말씀을 듣고 순종을 했습니다. 어리석은 사람도 똑같은 말씀을 들었지만 그 말씀을 무시하기로 작정했었습니다. 결국 그의 삶은 헛되고 말았습니다.

그리스도인의 삶은 순종하는 삶이 되어야 합니다. 야고보는 "너희는 도를 행하는 자가 되고, 듣기만 하여 자신을 속이는 자가 되지 말라"(야고보서 1:22)고 대놓고 말했습니다. 하나님의 말씀을 듣는 것은 중요합니다. 성경 말씀을 공부하는 것도 중요합니다. 그러나 거기에서 그치면 우리는 스스로를 속이는 것입니다. 예수님께서는 "하나님의 말씀을 듣고 **지키는** 자가 복이 있느니라"(누가복음 11:28)고 말씀하셨습니다. 앞에서 말한 그 젊은이의 삶은 그 반대 경우를 증거하고 있습니다. "하나님의 말씀을 듣고 지키지 않는 자는 복이 없느니라." 사도 요한은 이 진리를 이와 같이 요약했습니다: "자녀들아, 아무도 너희를 미혹하지 못하게 하라. 의를 **행하는** 자는 그의 의로우심과 같이 의롭고"(요한일서 3:7).

최근에 주일학교 유년부를 둘러본 적이 있습니다. 벽에는 "하나님께서 주신 규칙"이라는 제목이 쓰인 종이가 한 장 붙어 있었습니다. 거기에는 다섯 가지 규칙이 쓰여져 있었습니다.

1. 떠들지 말 것.
2. 싸우지 말 것.
3. 공부 시간에 딴 짓 하지 말 것.
4. 함부로 돌아다니지 말 것.
5. 선생님 말씀을 잘 들을 것.

그걸 읽어 보니 그 학급을 맡고 있는 선생님이 경험이 많은 선생님이라는 것을 알 수 있었습니다. 그 선생님은 아마 수년간이나 가르쳐 봐서 무엇이 아이들에게 문제인가를 환하게 알고 있는 것 같았습니다. 그래서 그 규칙들을 매우 구체적으로 정할 수 있었던 모양입니다.

"듣고 지키라"는 예수님의 말씀은 무슨 의미입니까? 거기에 긍정적인 면과 부정적인 면 양면이 다 있습니다. 우리는 하나님께서 금지하신 것들에 대해서는 자제해야 하고, 그가 명령하신 것들은 행하여야 합니다. 그분이 우리에게 무엇을 원하시는가를 분명히 알았다면 지체 없이 그것을 행하여야 하는 것입니다.

1980년 여름 나는 아내와 함께 4개월 동안 유럽을 두루 다니면서 말씀을 전했습니다. 6월에는 영국에 체류했는데, 그 기간 중 얼마 동안은 오랜 친구와 함께 지냈습니다. 어느 날 오후에는 마침 회기 중에 있는 의회를 둘러보게 되었습니다. 미국인으로서는 이 이유서 깊은 의사당에 들어가 장엄한 원형 회의장에 앉아 보고, 대영제국의 역사의 일부인 엄숙하고 고색 창연한 회의실들을 둘러보는 것이 하나의 경이였습니다. 우리는 그 장소에 어울리지 않는 것 같았습니다. 우리는 몸가짐을 매우 조심해서 조금도 거슬리는 행동을 하지 않으려고 주의했습니다. 후에 우리가 그 장소에 어울리게 행동하려고 애썼던 이야기를 영국 친구에게 했더니, 그는 의사당을 방문했던 미국의 단체 관광객들에게 일어났던 일화를 이야기해 주었습니다. 40명의 미국 관광객들이 오렌지색 짧은 바지에다, 초록색 테니스화를 신고, 위에는 울긋불긋한 셔츠를 입고 떼를 지어 의사당 안으로 들어섰을 때, 마침 상원의원이었던 헤일샴 경과 마주쳤습니다. 그는 멋진 예복을 입고 흰 가발을 하고 있어서 근엄하게 보였습니다. 바로 그때 홀 건너편에 노동당 하원의원인 닐 캐녹 의원이 서 있는 것이 보였습니다. 헤일샴 경은 그에게 긴급한 용무가 있었기 때문에 그의 눈길을 잡으려고 했지만 그는 눈길을 돌리지 않았습니다. 관광객들이 그 사이를 가로막고 있는 까닭이었습니다. 몇 번 시도해 보았지만 아무 소용이 없자 그는 미국인들의 머리 위로 의사당이 붕 하고 울릴 정도로 목청을 힘껏 돋우어서 "닐!" 하고 불렀습니다. 그러자 40명이나 되는 그 관광객들은 일시에 무릎을 꿇었습니다! (역자 주: 하원의원의 이름인 Neil은 '무릎을 꿇으라'는 뜻의 단어인 kneel과 발음이 같다.)

내 친구는 이 이야기를 하면서 한바탕 크게 웃었습니다. 의사당의 대리석 바닥에 일시에 무릎을 꿇고 앉은 그 사십 명의 미국인들을 생각만 해도 웃음이 저절로 터져 나오는 모양이었습니다. 그러나 아내와 나는 웃지 않았습니다. 우리가 만약 그 자리에 있었더라면 아마 우리부터 먼저 놀라 무릎을 꿇었을 것이기 때문이었습니다. 이 일화에서 볼 수 있는 것과 같은 순종이야말로 바로 하나님께서 우리에게 원하시는 순종이라고 생각합니다. 하나님께서 명령을 내리시면 우리는 즉각 순종해야 합니다.

예수님께서는 순종에 대한 가장 좋은 본을 보이셨습니다. 그분이 제자들에게 하신 말씀을 기억합시다. "나의 양식은 나를 보내신 이의 뜻을 행하며 그의 일을 온전히 이루는 이것이니라"(요한복음 4:34). 십자가를 앞에 두고 겟세마네 동산에서 자기의 깊은 고뇌를 다 토하신 후 예수님께서는 아버지께 이렇게 말씀드렸습니다: "그러나 나의 원대로 마옵시고 아버지의 원대로 하옵소서." 예수님께서는 십자가를 택하셨습니다. 그것이 곧 아버지의 뜻이었기 때문이었습니다. 주님은 자기를 낮추시고 죽기까지 아버지께 복종하셨습니다(빌립보서 2:8). 요한복음 전체를 통하여 나타나는 것은 예수 그리스도께서 한마음으로 아버지의 뜻을 늘 앞세워 오셨다는 점입니다.

우리가 하나님을 올바르게 섬기고 싶다면, 또 신령과 진정으로 하나님과의 교제를 나누고 싶다면, 그리고 기도에 대한 응답을 받고 싶다면, 우리 역시 하나님께 순종해야만 하는 것입니다. "여호와의 눈은 의인을 향하시고 그 귀는 저희 부르짖음에 기울이시는 도다"(시편 34:15). 예수님에게서 고침받은 소경은 이 놀라운 진리를 이렇게 말했습니다: "하나님이 죄인을 듣지 아니하시고 경건하여 **그의 뜻대로 행하는** 자는 들으시는 줄을 우리가 아나이다"(요한복음 9:31).

68 하나님께서 들으시는 기도

5
겸 손

> 가난한 자의 부르짖음을 잊지 아니하시도다.
> 시편 9:12

다음 두 사람만큼이나 서로 다른 사람들도 찾아보기 어려울 것입니다. 한 사람은 자신을 매우 선한 사람이라고 생각했고, 다른 한 사람은 자신을 부끄럽게 생각했습니다. 전자는 길거리에 나가면 사람들로부터 존경을 받았고, 후자는 미움을 받았습니다. 또한 전자는 하나님을 경외하는 훌륭한 사람으로 인정받았지만, 후자는 죄인 취급을 받았습니다. 이런 점들 때문에 이 이야기의 결말은 하나의 충격을 주고 있습니다. 이것은 예수님께서 들려주신 가장 마음을 끄는 예화의 하나입니다. 무리들이 분명하게 알아들을 수 있도록 예수님께서는 이 이야기의 서두와 끝에 이 예화가 갖는 의미를 설명해 주셨습니다.

또 자기를 의롭다고 믿고 다른 사람을 멸시하는 자들에게 이 비유로 말씀하시되, "두 사람이 기도하러 성전에 올라가니, 하나는 바리새인이요 하나는 세리라. 바리새인은 서서 따로 기도하여 가로되, '하나님이여, 나는 다른 사람들 곧 토색, 불의, 간음을 하는 자들과 같지 아니하고, 이 세리와도 같지 아니함을 감사하나이다. 나는 이레에 두 번씩 금식하고 또 소득의 십일조를 드리나이다' 하고, 세리는 멀리 서서 감히 눈을 들어 하늘을 우러러보지도 못하고 다만 가슴을 치며 가로되, '하나님이여, 불쌍히 여기옵소서. 나는 죄인이로소이다' 하였느니라. 내가 너희에게 이르노니, 이 사람이 저보다 의롭다 하심을 받고 집에 내려갔느니라. 무릇 자기를 높이는 자는 낮아지고, 자기를 낮추는 자는 높아지리라" 하시니라. (누가복음 18:9-14)

예수님의 이 설교는 스스로 의롭게 여기고 다른 사람들을 멸시하는 자들을 향하고 있습니다. 바리새인의 주된 관심은 좋은 인상을 심어 주려는 데 있었던 것이 분명합니다. 그는 자신이 점잖을 빼며 하나님의 집으로 들어갈 때 모든 눈이 자기에게 향하기를 바라고 있었던 것입니다. 그에게는 하나님의 인정을 받는 것보다 사람들의 칭찬을 듣는 것이 더 큰 의미를 갖는 것이었습니다. 예수님의 다음 말씀들은 바로 그와 같은 사람을 가리키는 것이었습니다. "저희 모든 행위를 사람에게 보이고자 하여 하나니…"(마태복음 23:5), "저희는 과부의 가산을 삼키며 외식으로 길게 기도하는 자니…"(마가복음 12:40). 바리새인들은 하나님 중심이 아닌 자기 중심적인 사람들이었습니다.

큰 죄를 짓지 않도록 보호하심을 받는 사람은 **마땅히** 주님께 감사해야 합니다. 그러나 이 사람은 거기서 그치지 않았습니다. 그의 자만심은 스스로를 다른 사람들로부터 단절시켜 버리고, 스스로

"나는 그대들보다 더 거룩해" 하는 식의 선언을 하게 만들어 버렸습니다. 그는 자찬에 빠져 이 죄 많은 세리에게로 경멸의 눈길을 돌려 자기 자신에게는 없는 것으로 생각되는 모든 추한 것들의 본보기로 여겼던 것입니다. 이 바리새인은 자신이 행하지 않고 있는 것들을 한참 외고 나서, 이번에는 자신이 행하고 있는 선한 일들을 줄줄 외기 시작했습니다. 그는 금식도 했고 십일조도 했습니다. 그의 기도를 들어 보면, 그는 자기에게는 마치 자백할 죄라곤 하나도 없고, 영적으로나 육적으로나 하나님께 도움을 부르짖을 것이 아무것도 없는 것으로 생각하고 있다는 사실을 알 수 있습니다. 그는 모든 것을 가지고 있었습니다. 그는 사회적으로도 높은 지위에 있었습니다. 그러나 예수님께서 비판하신 것은 그의 행동이 아니라 그의 태도였습니다. 비록 그의 종교적인 행위 자체는 결점이 없었지만 남을 경멸하고 오만한 그 마음은 죄가 아닐 수 없었습니다. 그의 선행조차도 하나님의 코에는 악취가 나는 것이었습니다.

자기 주위에 있는 모든 사람들을 감동시키고자 하는 열심 때문에 자신이 성전에 온 목적을 완전히 잃어버린 이 바리새인을 보면 우습습니다. 그는 분명 기도를 하러 성전에 올라왔습니다. 그러나 그는 자신의 선행을 과시하는 일에 도취해서 남의 눈에 잘 띄는 곳으로 올라가 자신의 덕을 큰 소리로 외쳐 대고 있었던 것입니다!

그러나 세리의 경우를 살펴보면 앞의 사람과는 얼마나 대조적입니까! 그는 자신의 눈으로 보기에도 자기가 얼마나 큰 죄인인가를 알고 있었기 때문에 아무도 안 보는 한구석으로 기어가서 고개도 들지 못하고 하나님의 자비만을 간절히 구했습니다. 그는 아마 자신이 하나님의 마음을 움직이고 있음을 깨닫지도 못했겠지만, 주님은 이 겸손하고 통회하는 죄인으로 인하여 마음이 감동되셨음을 분명히 밝히셨습니다. "여호와는 마음이 상한 자에게 가까이하시고 중심에 통회하는 자를 구원하시는도다"(시편 34:18). 이 말씀은 하나님의 용서와 자비가 얼마나 필요한가를 깨닫는 사람에게는 얼마나 큰 위로가 되는지 모릅니다.

이어서 놀라운 것은 하나님 앞에서 의롭다 함을 얻은 사람이 바로 이 세리라는 사실입니다. 바리새인은 왜 의롭다 함을 얻지 못했습니까? 간단합니다. 그는 하나님의 의를 받을 필요가 없다고 생각했기 때문이었습니다. 그는 이미 **자신이** 의롭다고 선언을 했습니다. 그의 오만한 태도는 "교만한 자를 물리치시고 겸손한 자에게 은혜를 주시는" 하나님과의 참된 교통을 막아 버렸던 것입니다(야고보서 4:6 참조).

마치 기름과 물이 섞이지 않듯이, 교만과 겸손은 결코 함께할 수 없습니다. 성경 말씀을 보면 그 이유를 금방 알 수 있습니다. 마태복음 11:29에서 예수님께서는 스스로 "나는 마음이 온유하고 겸손하다"고 말씀하셨습니다. 신약에서 **겸손**이라는 말은 늘 자신을 낮춘다는 뜻으로 나타나는데, 이를테면 **낮은 데 처하다, 겸비하다, 낮추다** 등등의 말은 겸손한 사람을 설명하는 데 사용되고 있습니다. 그러나 그 반대로 교만은 항상 자신을 높인다는 뜻이 들어 있습니다. 겸손은 스스로를 낮추는 것이요, 교만은 스스로를 높이는 것입니다.

다락방에서 예수님께서는 스스로 섬기는 종이 되셨습니다. "저녁 먹는 중 예수는 아버지께서 모든 것을 자기 손에 맡기신 것과, 또 자기가 하나님께로부터 오셨다가 하나님께로 돌아가실 것을 아시고, 저녁 잡수시던 자리에서 일어나 겉옷을 벗고, 수건을 가져다가 허리에 두르시고, 이에 대야에 물을 담아 제자들의 발을 씻기시고, 그 두르신 수건으로 씻기기를 시작하여"(요한복음 13:3-5). 이 장면은 지금까지의 가장 심오한 질문에 대한 답을 보여 주고 있습니다. 바로 "하나님께서는 어떤 분인가?"라는 질문에 대한 답입니다. 다락방의 그리스도를 바라보십시오. 그분은 자신을 굽히고 인간을 섬기고 계십니다. 우리 인간이 마땅히 어떻게 해야 하겠습니까? 다락방의 그리스도를 바라보십시오. 우리도 그분과 같은 종이 되어야 합니다. 허리를 쭉 펴고 선 채로 다른 사람들의 발을 씻길 수는 없습니다. 허리를 **굽히**거나 무릎을 **꿇**어야 발을 씻길 수 있는 것입니다.

그러나 겸손한 종이 되는 기쁨은 때때로 교만에 중독되기 쉽습니다. 누가 우리에게 비천한 어떤 일을 해달라고 부탁하면 우리는 반발하기 일쑤입니다. 그런 부탁만 들어오면 우리는 그 자리에서 "그건 내 직무와는 상관없는 일인데요"라든가, "난 당신보다 낫소. 당신이나 하시오"라는 식으로 잘라 말해 버립니다. 얼마나 슬픈 일입니까! 그런 일을 한다는 것은 우리가 열등하다는 것을 나타낸다는 생각 때문에 수많은 유익한 일들이 이루어지지 않고 있습니다. 우리는 마귀의 간사한 속삭임에 이끌리어 그리스도께서 행하신 것과 같은 섬김의 특권을 스스로에게서 빼앗아 버리고 있습니다.

우리는 사회적으로 높아지려고 하는 열망에 물들고 있습니다. 유명 인사의 이름을 함부로 들먹거리는 것은 높아지고자 하는 교묘한 노력의 하나입니다. "지난주엔 말야, ○○○한테서 전화가 왔더군." "파티 석상에서 ○○○와 환담을 좀 나누었지." "어제 교회에서 ○○○가 와서 주일 성경공부 반에서는 다음 주일에 무엇을 공부하면 좋겠느냐고 내게 묻더군." 스스로를 높이려는 방법은 유명 인사의 이름을 친구 이름처럼 들먹거리는 것뿐만이 아닙니다. "아, 저 페인트 색깔이 마음에 든다고? 그건 지난번에 내가 고른 거야." "우리 집은 언덕 위에 있어서 다른 집들이 훤하게 보인다네." 방금 든 예들 중에 다른 사람들 귀에 못이 박히도록 자주 쓴 말이 있다면 잠언 30:32 말씀을 펴놓고 잠시 생각을 해보십시오. "만일 네가 미련하여 스스로 높은 체하였거나 혹 악한 일을 도모하였거든 네 손으로 입을 막으라."

교만한 행동이나 교만한 말을 하는 것은 미련한 것입니다. 왜 그렇습니까? 그 결과가 대개 자신의 의도와는 정반대로 나타나기 때문입니다.

얼마 전에 나는 큰 아들과 함께 카메라를 사러 간 적이 있습니다. 물건을 사러 갈 때 늘 하던 습관대로 우리는 어떤 것을 살까를 결정하기 전에 대여섯 군데의 상점을 둘러보았습니다. 그중 두 군데는 단순히 판매원의 태도 때문에 물건을 살 생각이 없어져 버렸습니다. 그렇다고 그들이 꼭 무례했다는 것은 아닙니다. 하지만 그들은 거만했고, 그것 때문에 불쾌했습니다. 그들은 모르는 게 없었습니다. 그러나 그들은 나 같은 모르는 사람에게 차근차근 설명해 주는 일이 고역이요 재미없는 일이라고 생각하는 것 같았습니다. 그들이 부르는 값이 다른 상점에 비해서 특별히 더 비싼 것도 아니었고, 사실 그중 한 상점에는 우리가 살 만한 멋진 카메라도 한 대 있었습니다. 그러나 그들의 태도 때문에 거기서 살 마음은 싹 사라져 버렸습니다.

아들은 또한 며느리가 될 아이에게 줄 결혼 기념품도 사고 싶어했습니다. 그래서 어느 보석상에 들어가서 결혼 반지를 사고 싶은데 그 안쪽에는 요한일서 4:7을 새겨 넣고 싶다고 말했습니다. 그 상점에서 판매를 담당하는 여자는 우리에게 큰 도움을 주었습니다. 그곳을 떠나면서 아들은 그 상점에서 반지를 산 것은 그 주인이 보통 사람처럼 평범하게 행동하며 우리를 대했기 때문이라고 말했습니다. 그전에 들른 몇 군데 상점에서는 사람들이 거만한 것 같았습니다. 그들의 태도는 고객을 돌아서게 만들었습니다. 우리는 우리 앞에서 "자신들을 높이려는 사람들"보다는 우리를 자기들과 똑같은 사람으로 대해 주는 사람들을 좋아하게 마련입니다.

몇 달 전 어느 친구가 자기 집을 방문했던 손님 이야기를 한 적이 있습니다. 저명한 어떤 인사가 그의 집에 며칠 묵고 간 적이 있었는데, 이것 때문에 이 친구와 식구들에게는 문제가 생겼습니다. 그 유명 인사가 그들의 집에 머물다 갔다는 한 가지 사실 때문에 그들의 위신은 잔뜩 높아졌고, 그것이 그들의 자랑거리가 되었습니다. 그런 모습은 밖으로 드러났습니다. 그의 이야기를 들으면서 마음속에 이런 생각이 떠올랐습니다. 혹시라도 대영제국의 황태자와 황태자비나 미국 대통령처럼 진짜로 높은 인물들이 그 집을 방문했더라면 그들의 태도가 어떻게 되었을까? 모르긴 해도 아마 그들의 자랑은 온 동네를 시끄럽게 할 정도로 요란했을 것입니다.

이사야 57:15을 보면 하나님께서 무엇에 가치를 두고 계시는가를 알 수 있습니다. "지존무상하며 영원히 거하며 거룩하다 이름하는 자가 이같이 말씀하시되, '내가 높고 거룩한 곳에 거하며 또한 통회하고 마음이 겸손한 자와 함께 거하나니, 이는 겸손한 자의 영을 소성케 하며 통회하는 자의 마음을 소성케 하려 함이라.'" 예수님의 말씀을 기억합시다. "그러므로 누구든지 이 어린아이와 같이 자기를 낮추는 그이가 천국에서 큰 자니라"(마태복음 18:4).

겸손한 마음과 능력 있는 기도의 삶은 병행이 되는 것입니다. "여호와여, 주는 겸손한 자의 소원을 들으셨으니 저희 마음을 예비하시며 귀를 기울여 들으시고"(시편 10:17). 하나님께서는 겸손한 자의 삶을 좋은 것들로 가득 채워 주시기를 기뻐하십니다. 이미 교만과 자만이 가득 차 있는 사람의 삶 가운데는 아무것도 채워 주실 수 없습니다. 그러나 하나님께서는 "가난한 자의 부르짖음을 잊지 아니하십니다"(시편 9:12).

미국에서 해외로 보내는 구호물자 꾸러미에는 반드시 "미합중국 국민이 보내는 선물"이라는 도장이 찍힙니다. 그리스도인이 된 이후의 우리의 삶을 돌이켜보면 우리는 하나님으로부터 온 이루 헤아릴 수 없이 많은 축복들을 받았습니다. 그 축복들에는 아마 "겸손한 마음의 기도에 대하여 하나님께서 내리신 은혜"라는 도장들이 찍혀 있을 것입니다. 겸손은 '주님의 능력이 우리의 약한 데서 온전하여진다'(고린도후서 12:9 참조)는 것을 깨닫는 것입니다.

사탄과의 투쟁에서 기도는 강력한 무기입니다. 성경에서는 사탄을 용, 뱀, 사자로 부르고 있습니다. 이 동물들이 주는 이미지는 증오, 교활, 힘입니다. 그러나 그리스도인이 하나님 앞에서 자신을 낮출 때 사탄의 힘은 사그라집니다. 용의 외침 소리도, 뱀의 속삭임도, 사자의 포효도 겸손한 마음의 조용한 호소를 삼키지는 못합니다.

기도는 폭풍 속의 항구요, 두려움과 의심의 풍랑에 시달림받고 있는 영혼에게 닻이요, 낭떠러지에 곧 떨어질 위험에 처한 양에게 목자의 지팡이요, 마음이 가난한 자에게 값을 헤아릴 수 없는 보석함인 것입니다. 거만한 기도는 열납되지 않지만 하나님께서는 "가난한 자의 부르짖음을 잊지 아니하십니다."

예수님께서는 제자들에게 "나는 마음이 온유하고 겸손하다"고 말씀하셨습니다. 그러므로 겸손은 그리스도께 속한 성품인 것입니다. 그렇다면 온유와 겸손이 하나님의 마음 가운데 특별한 위치를 차지하고 있다는 사실이 그리 놀랄 일은 아닙니다. 그 성품들은 하나님에게 있어서 그 아들을 생각나게 하는 것들입니다. 그 아들 예수님께서는 "자기를 낮추시고 죽기까지 복종하셨으니 곧 십자가에 죽으셨습니다"(빌립보서 2:8). 그렇다면 "온유한 자를 공의로 지도하심이여, 온유한 자에게 그 도를 가르치시리로다"(시편 25:9)

라는 말씀에도 놀랄 필요가 없습니다. 온유하고 겸손한 사람은 자기의 소유, 자기의 능력, 자기의 지혜를 자랑하고 우쭐대지 않습니다. 이 세상에서 진실로 겸손한 자들은 그 모든 것이 하나님께 달려 있다는 사실을 깊이 깨달은 자들입니다. 하나님께서는 자기를 의뢰하는 자들에게 보상을 해주실 것을 약속하셨습니다.

지도자의 위치에 있는 사람들은 특히 교만의 죄에 끌리기 쉽습니다. 대개 지도자의 위치에 있는 사람들은 평범한 사람들보다 더 재능도 많고 열정적이며, 또 하고 있는 일에 대해서도 따르고 있는 사람들보다 훨씬 더 폭넓고도 전반적인 이해를 가지고 있습니다. 그러한 이유 때문에 나는 종종 앞으로 지도자의 위치에서 일할 훈련을 받고 있는 젊은이들에게 역대하 26장에 기록되어 있는 웃시야 왕의 통치에 대한 내용을 공부해 보라고 권하곤 합니다. 이 왕은 젊었던 시절에는 하나님께 대한 깊은 헌신을 나타내어 "하나님의 묵시를 밝히 아는 스가랴의 사는 날에 하나님을 구하였습니다"(5절). 하나님의 말씀에 순종하여 "여호와 보시기에 정직히 행하였습니다"(4절). 하나님께서 그의 생에 복을 주신 것이 놀라운 일이겠습니까? "저가 여호와를 구할 동안에는 하나님이 형통케 하셨더라"(5절). 하나님께서는 그를 도와 그 대적들을 물리치게 해주셨습니다. 그의 명성은 점점 크게 퍼져 나갔습니다. 그는 자기 백성들의 안전과 보호와 복지를 위하여 부지런히 일했습니다(9-15절 참조). 그는 그 땅을 사랑했고, 피땀 흘려 농사를 지을 수 있는 터전을 마련했습니다. 그는 훌륭한 지도자였고, 백성들은 그가 하나님의 사랑 가운데서 장수와 행복을 누리기를 기원했습니다.

웃시야가 하나님을 사모하여 계속 구할 동안에는 아무것도 그를 넘어뜨릴 수 없었습니다. 부도덕, 살인, 우상 숭배와 같은 큰 죄도 그를 넘어뜨릴 수는 없었습니다. 그러나 그는 단 한 가지 죄로 말미암아 파멸하게 되었습니다. 그 죄는 지진과 같이 그를 파괴시켜 버렸습니다. "저가 강성하여지매 그 마음이 교만하여 악을 행하여 그 하나님 여호와께 범죄하되… 여호와께서 치시므로…"(16,20절). 그는 교만으로 말미암아 자기 백성들에게서 쫓겨났고 문둥이가 되어 하나님의 전에서도 끊어졌습니다. 교만은 그를 파멸로 이끌었습니다.

이것은 실로 섬뜩한 이야기입니다. 압제나 부도덕, 또는 살인이라는 큰 죄를 범한 왕들도 있었지만 그들은 하나님의 은혜로 회복이 되기도 했습니다. 그러나 웃시야는 그 교만 때문에 슬픔과 후회의 길에 들어서게 되었던 것입니다. 그가 겸손한 마음을 가졌을 때는 축복이 그를 찾아왔지만, 교만해졌을 때는 멸망이 그를 찾아왔던 것입니다.

이제 한 가지 질문을 함으로써 이 장을 끝맺으려 합니다. 다음 인물들의 공통점은 무엇입니까? 예수님의 어머니 마리아(누가복음 1:38), 아브라함(창세기 18:27), 모세(출애굽기 3:11), 다윗(사무엘하 7:18), 솔로몬(열왕기상 3:7), 아삽(시편 73:22), 아굴(잠언 30:2), 이사야(이사야 6:5), 예레미야(예레미야 1:6), 다니엘(다니엘 2:30), 세례 요한(요한복음 1:27), 병든 하인을 위하여 예수님께 왔던 백부장(마태복음 8:8), 바울(에베소서 3:8), 이십사 장로(요한계시록 4:10). 만약 겸손이라는 대답이 나온다면 바로 정답을 쓰신 것입니다. 겸손은 "모든 미덕의 여왕"이라고들 합니다. 위의 인물들이 하나님의 나라에서 위대한 사람들로 꼽힌 것은 우연이 아닙니다. 이들의 삶은 겸손에서 우러나오는 감사와 믿음과 찬양과 찬미로 가득 차 있습니다. "겸손과 여호와를 경외함의 보응은 재물과 영광과 생명이니라"(잠언 22:4).

6
믿 음

너희가 기도할 때에 무엇이든지 믿고 구하는 것은
다 받으리라 하시니라.
마태복음 21:22

우리가 탄 비행기는 한밤중의 폭풍 속을 뚫고 덜커덩거리며 날아가고 있었습니다. 번개가 번쩍거리고 천둥이 요란하게 쳤습니다. 그 전에도 심한 폭풍우 속에서 비행기 여행을 해본 일은 있었지만 이번 경우는 달랐습니다. 우리는 이 세계에서 가장 미개하고 위험한 아마존의 깊숙한 정글 위를 날고 있었던 것입니다. 만약 추락이라도 하는 날이면, 기적적으로 목숨은 건졌다 하더라도 오래 버티지는 못할 것입니다. 바로 2주 전에 이 정글에서 선박 사고가 나서 수많은 인명을 잃은 사건이 있었습니다. 아마존 강을 오르내리며 승객과 화물을 운반하는 3층짜리 배가 적재 능력 이상의 과도한 화물과 승객을 싣고 가다가 전복되어 침몰하는 바람에 삼백 명 이상이 끔찍한 죽음을 당하게 되었습니다. 이 사건으로 선장은 과실치사 혐의로 구속되었습니다. 생존자들의 말에 따르면, 그 선박에 물이 새고 있다고 선장에게 경고했지만 선장은 그들에게 쓸데없는 걱정 말고 당신들 일이나 잘하라고 일축하더라는 것이었습니다.

선장은 승객들에게 배가 안전하다고 믿게 하려 했었지만 결국은 수백 명이나 되는 사람들을 아마존 강물에 처넣어 고기밥을 만들고 말았습니다. 그중 많은 사람들은 그 강에서 서식하고 있는 **캔드리브**라는 살인어에 뜯겨 죽었습니다. 그 물고기들은 매우 독해서 사정없이 사람들을 뜯어먹었습니다. 상하좌우로 사정없이 흔들면서 겁을 덜컥덜컥 주곤 하는 이 비행기는 덜컹거리며 바로 그 위를 날고 있었지만, 아마존 강의 그 선장과는 달리 우리 비행기의 조종사는 우리가 믿을 만한 대단히 노련하고 믿음직한 사람이라는 사실에 대해 나는 감사를 했습니다.

우리가 살고 있는 이 세상도 아마존 정글과 다름없이 위험한 곳입니다. 테러분자들이 이곳 저곳 돌아다니며 이유 없이 무고한 사람들을 죽이고, 죄 없는 사람들을 인질로 삼아 협박을 합니다. 질병과 사고로 수많은 사람들이 목숨을 잃습니다. 거리거리에는 도둑들이 만연하여 극성을 부립니다.

영적인 면에 있어서도 마귀가 우는 사자처럼 돌아다니며 삼킬 자를 찾고 있습니다. 인생의 대해를 항해하기 시작한 우리에게는 우리를 실망시키지도 않으시고 우리를 저버리지도 않으실 믿음직한 선장이 계셔서 우리가 믿음을 둘 수 있다는 사실이 얼마나 축복된 일입니까!

에드워드 호퍼는 자신이 지은 저 유명한 찬송가 "나는 갈 길 모르니"에서 그리스도는 우리의 작은 배를 운항해 가시는 믿음직한 선장이심을 노래하고 있습니다.

생의 광포한 바다 위에서
주여, 날 인도하소서.
수많은 파도, 암초, 모래톱

나를 위협하오니,
당신의 해도와 나침반으로
주여, 날 인도하소서.

몇 주 전에 브라질의 쿠리티바에 있는 마리오라는 동역자의 장례식에 참석한 적이 있습니다. 마리오는 우리의 가까운 친구였는데, 암에 걸려 서른두 살로 세상을 떠났습니다. 그는 약 6년 동안 그리스도를 따르다가 하늘나라로 갔습니다. 장례식 전날 밤, 그 지역의 네비게이토 대표 간사였던 켄 로티스 부부, 아내와 나 이렇게 네 사람이 미망인 베티 자매와 몇몇 친구들이 모여 있던 예배당으로 갔습니다. 마리오 형제의 시신이 안치되어 있는 옆방에는 다른 사람의 장례식이 또한 준비 중에 있어서 그곳에도 일단의 조문객들이 모여 있었는데, 이 두 곳의 분위기는 너무나 대조적이었습니다. 옆방에는 비통한 통곡이 가득 찼고, 어느 부인은 슬픔에 못 이겨 그 자리에 쓰러지기도 했습니다. 그 방안에서는 두려움과 절망의 소리가 흘러나왔습니다. 베티 자매와 그 친구들도 물론 슬퍼했지만 소망이 끊어진 옆방 사람들처럼 비통해하지는 않았습니다. 슬픔은 있었지만 그러나 한편으로는 그리스도의 말씀에 기초를 둔 평안과 확신과 소망이 있었습니다. "내 아버지 집에 거할 곳이 많도다. 그렇지 않으면 너희에게 일렀으리라. 내가 너희를 위하여 처소를 예비하러 가노니, 가서 너희를 위하여 처소를 예비하면 내가 다시 와서 너희를 내게로 영접하여 나 있는 곳에 너희도 있게 하리라"(요한복음 14:2-3). 예수 그리스도께서 이별과 슬픔의 거친 바다를 지나 그들을 인도하여 승리를 주고 계시는 것입니다. 에드워드 호퍼의 찬송가 3절이 그분의 인도하심에 대한 확신을 다시 읊고 있습니다.

마침내 피안의 언덕이 가까워
흉용하는 파도의 으르렁거림이
나의 안식을 위협할 때,
주님의 가슴에 기대어
주님의 음성 듣게 하소서.
"두려워 말라. 내가 널 인도하리라."

믿음은 그리스도인의 삶 속에서 중요한 역할을 합니다. 기도의 삶에서는 더더욱 중요합니다. 예수 그리스도께 대한 믿음은 견고한 기도 생활을 확립할 수 있는 반석입니다. 마태복음 21:22에서는 믿음과 기도의 긴밀한 관계를 밝히 보여 주고 있습니다. "너희가 기도할 때에 무엇이든지 믿고 구하는 것은 다 받으리라." 문맥을 살펴보면 이 약속의 말씀은 열매 맺지 못하는 무화과나무를 저주하신 사건 가운데 들어 있습니다.

이른 아침에 성으로 들어오실 때에 시장하신지라. 길가에서 한 무화과나무를 보시고 그리로 가사 잎사귀밖에 아무것도 얻지 못하시고 나무에게 이르시되, "이제부터 영원토록 네게 열매가 맺지 못하리라" 하시니 무화과나무가 곧 마른지라. 제자들이 보고 이상히 여겨 가로되, "무화과나무가 어찌하여 곧 말랐나이까?" 예수께서 대답하여 가라사대, "내가 진실로 너희에게 이르노니, 만일 너희가 믿음이 있고 의심치 아니하면 이 무화과나무에게 된 이런 일만 할 뿐 아니라 산더러 들려 바다에 던지우라 하여도 될 것이요…." (마태복음 21:18-21)

"만일 너희가 믿음이 있고 의심치 아니하면"이라는 대목을 주의 깊게 살펴보십시오. 만일 우리가 하나님의 선하심과, 은혜와, 능력과, 임재하심을 의심한다면 우리는 기도를 무효케 하는 것입니다. 하나님의 약속이라는 총의 방아쇠를 당기는 것은 바로 믿음의 기도입니다. 하나님의 능력은 언제든지 예비되어 있습니다. 그러나 그는 기도라는 촉매가 올 때까지 우리를 위하여 그 능력 발휘하기를 기다리십니다.

한 지방방송의 뉴스 해설자가 최근에 내보낸 뉴스 가운데 콜로라도스프링스에서 미시간까지 캠프 차로 여행을 하려던 어느 두 가족에게 일어났던 사건이 있었습니다. 그들이 여행 준비를 다 끝내고, 한 사람이 차 안에서 휘발유 온수 히터를 가동하기 위하여 성냥을 긋는 순간 큰 폭발이 일어나 그 캠프 차는 산산조각이 나버렸습니다. 다행히 중상을 입은 사람은 없었습니다.

후에 구조대가 발견한 바에 따르면 연료통에서 나온 연료 공급 파이프가 어떻게 해서인지 잘못 구부러져 그만 도중에 새버려서 그 차 안에 가스가 가득 차게 되었다는 것입니다. 그러다가 성냥을 켰을 때 차 있던 가스가 순간적으로 폭발했던 것입니다. 눈에 보이지는 않지만 그 방안에 가득 차 있던 잠재력은 성냥이라는 촉매가 켜지자 즉시 활성화되었습니다.

그것은 하나님의 행하심과 믿음의 기도와의 관계를 설명해 주는 좋은 예가 됩니다. 하나님께서는 축복을 늘 예비하고 계시다가 우리가 기도하기만 하면 즉시 쏟아 부어 주십니다.

예수님의 약속은 결코 헛될 수가 없습니다. 그러므로 우리는 담대히 은혜의 보좌 앞에 나아가야 합니다. 그러나 반드시 "**믿고 구해야**"(마태복음 21:22) 합니다. 믿음으로 기도할 때, 아무 장애물도, 혹 태산이라 할지라도, 이 믿음의 기도에 대한 하나님의 응답을 가로막을 수 없습니다. 어떻게 그 일이 가능합니까?

이런 믿음은 하나님의 말씀에 그 뿌리를 두고 있기 때문입니다. 산을 움직일 수 있는 믿음은 하나님께서 그 산을 움직이라고 말씀하셨다는 것을 우리가 확신할 수 있을 때라야 비로소 가질 수가 있습니다. 주님께서는 열두 제자를 훈련시키실 때, 하나님께서 그들의 기도에 응답하신다는 것과 언제라도 그들을 위해 능력을 베푸실 준비를 갖추고 계신다는 확신을 심어 주려고 하셨습니다. 주님은 제자들이 믿음으로 기도하고 행하는 자들이 되기를 원하셨습니다. 주님은 오늘날 우리들에게도 같은 교훈을 가르쳐 주기를 원하십니다.

2년 전 아내와 나는 콜로라도스프링스 시내에 있는 우리 집을 처분하고 내 사무실이 있는 글렌에리의 네비게이토 본부 근처의 집으로 이사를 하기로 했습니다. 우리는 글렌에리에서 몇 사람의 도움을 받기로 하고, 또 아들이 교회 대학부에서 몇 친구들에게 도움을 부탁했습니다. 그런데 이사할 날이 되자 하늘이 심술을 부렸습니다. 산봉우리 위에는 서쪽으로부터 구름이 몰려왔습니다. 기상 통보관은 비가 올 것이라고 예보했습니다.

나는 속이 상했습니다. 비오는 날 무개 트럭에 짐을 싣고 이사를 한다는 것은 낭패가 아닐 수 없었습니다. 나는 걱정을 하면서 초조해졌습니다. 아들 랜디가 내가 걱정하는 소리를 듣고서 가까이 다가와서 "아버지 기운을 내세요. 비는 안 올 거예요. 그렇게 기도했지 않아요?" 하는 것이었습니다. 그의 믿음에 힘이 나서 나는 마음이 가벼워졌습니다. 그래서 소매를 걷어붙이고 이삿짐을 옮기기 시작했습니다. 번개와 천둥이 치고 바람이 불었지만 비는 한 줄기도 내리지 않았습니다!

하나님께서는 계속해서 나에게 하나님 의뢰하는 것을 배우게 해

주셨습니다. 믿음이란 쉽게 얻어지는 것은 아닙니다. 성경 말씀을 읽어 보면 사도들도 우리와 마찬가지로 믿음을 쉽게 얻은 것은 아니라는 사실을 알 수 있습니다. 사도들은 계속해서 꾸준히 주님을 따르고, 의뢰하고, 성장하며, 기도했습니다. 우리는 그들의 본을 따라야 합니다. 예수님께서 우리에게 주신 말씀은 분명합니다. "그러므로 내가 너희에게 말하노니 무엇이든지 기도하고 구하는 것은 받은 줄로 믿으라. 그리하면 너희에게 그대로 되리라"(마가복음 11:24).

야고보는 기도와 믿음과의 연관성을 강조했습니다. "오직 믿음으로 구하고 조금도 의심하지 말라. 의심하는 자는 마치 바람에 밀려 요동하는 바다 물결 같으니 이런 사람은 무엇이든지 주께 얻기를 생각하지 말라. 두 마음을 품어 모든 일에 정함이 없는 자로다"(야고보서 1:6-8). 우리의 믿음은 환경에 따라 흔들려서는 안 됩니다. 우리의 눈이 어려움과 시련을 향할 때 우리 마음 가운데는 의심이 가득 차고 실망을 느끼게 될 것입니다. 그러나 우리 눈이 하나님을 향하고 하나님께 우리의 믿음을 둔다면 하나님께서는 우리를 안전하게 지켜 주시고 굳건하게 해주실 것입니다.

믿음의 조상 아브라함은 이런 믿음을 보여 준 가장 좋은 예가 될 것입니다.

> 아브라함이 바랄 수 없는 중에 바라고 믿었으니, 이는 네 후손이 이 같으리라 하신 말씀대로 많은 민족의 조상이 되게 하려 하심을 인함이라. 그가 백 세나 되어 자기 몸의 죽은 것 같음과 사라의 태의 죽은 것 같음을 알고도 믿음이 약하여지지 아니하고, 믿음이 없어 하나님의 약속을 의심치 않고 믿음에 견고하여져서 하나님께 영광을

돌리며, 약속하신 그것을 또한 능히 이루실 줄을 확신하였으니. (로마서 4:18-21)

그는 참으로 하나님을 알고 있었던 사람이었습니다. 그는 하나님의 창조 능력을 믿었습니다. 그는 하나님께서 죽은 자를 다시 살려 주실 수 있는 분이심을 믿었습니다. 이러한 사실들이 그의 마음 가운데 굳게 자리잡고 있었기에 그는 인간적 희망의 모든 근거가 다 사라졌을 때에도 여전히 희망을 가질 수가 있었던 것입니다.

아브라함에게는 하나님의 약속이 어떤 논리나 과학이나 역사보다도 더 큰 권위를 가지고 있었습니다. 하나님의 약속은 불가능한 환경 가운데서도 믿을 수 있는 것이었습니다.

우리에게는 이와 같은 믿음을 갖지 못하도록 방해하려고 자기가 가진 온 힘을 다하는 대적이 있습니다. 그의 공격에 맞설 수 있는 가장 큰 무기는 언제나 성경입니다. 그는 성경 말씀이 문화적으로, 시대적으로 맞지 않고, 또 오류가 있다고 믿게 하려고 우리를 설득하려 합니다.

성경이 없는 수많은 문화권에서는 적이 다른 형태의 방법으로 공격하고 있습니다. 예를 들어 부두교는 사탄 숭배의 의식을 행하고 있습니다. 일전에 브라질에 갔을 때 미신이 너무나 널리 퍼진 것을 보고 놀라지 않을 수가 없었습니다. 거기서는 정령 숭배가 만연되어 있었습니다. 사람들은 일견 낮에는 일상 하는 대로 생업에 충실했습니다. 현대식 사무실에서 일했고, 최신식 자동차로 출퇴근들을 했습니다. 복장도 현대 유행에 맞춘 깔끔한 양복을 입고, 시설이 편리하고 깨끗한 주택에서 잘 먹고, 잘 살며, 온갖 현대 문명의 이기를 즐겼습니다. 그러나 밤이 되면 그들은 전혀 다른 모습으로 변신합니다. 길거리에 나가 보면 이들이 촛불을 켜 들고, 새

나 꽃 또는 곡식 등을 들고 돌아다니는 것을 볼 수 있습니다. 그들은 주위에 촛불을 켜 놓고 그 둘레로 곡식이나 꽃을 뿌려 놓고는 (귀신이 어떤 음식을 좋아하며 어떤 꽃을 좋아하는가에 따라 그 종류는 다르다), 새를 죽여 바치고, 그들의 주위에 살고 있는 대적들을 저주하는 주문들을 읊습니다.

또 어느 나라에 가보면 마귀는 수억에 달하는 사람들을 현혹하여 소위 성스러운 강물에 몸을 씻으면 신의 용서하심을 경험할 수 있다고 믿게 만들었습니다. 해가 떠서 질 때까지 수많은 사람들이 이 강에 와서 몸을 씻고, 강물을 마시며, 죽은 사람의 시체를 화장하여 강물에 뿌립니다. 가까운 사원에서는 그들이 죽은 사람들의 화신이라고 믿고 있는 수만 마리의 쥐가 들끓는 가운데 사제들이 종교 의식을 행하고 있습니다. 그들은 그 쥐들에게 먹이를 주고 쥐들이 마실 수 있도록 커다란 통에 물을 길어다 놓습니다. 그들은 그들의 신을 거룩하지 못한 열심으로 숭배하고 있습니다. 그들의 가증하고 소름끼치는 종교 의식과 관습을 생각할 때, 우리는 성경 말씀을 통하여 우리에게 약속들을 주신 아브라함의 하나님을 알게 된 것을 크게 기뻐하지 않을 수 없습니다. 아브라함처럼 우리도 이 약속들을 믿도록 부르심을 받았습니다.

그러나 아브라함이 의심으로 내적인 갈등을 겪지 않았다는 기록은 성경에 없습니다. 성경에는 다만 그가 믿음으로 승리하였다고 기록되어 있을 뿐입니다. 신앙 생활을 하는 가운데 하나님께 대하여 한 번도 의심을 품어 본 적이 없는 사람은 아마 없을 것입니다. 아무리 영적으로 성장하여 훈련되고 헌신된 사람일지라도 내적인 갈등은 늘 있는 법입니다. 우리는 삶 속에서 하나님을 믿지 못하는 때가 얼마나 많습니까? 우리는 우리의 새 성품이 우리의 옛 성품과 싸우는 것을 늘 보고 있습니다. 때로 우리는 크게 갈등하고, 무섭게 흔들리며, 큰 압력을 느끼기도 하지만, 믿음을 통하여 승리할 수 있습니다.

이러한 연단된 믿음 위에 우리의 기도의 삶이 구축되는 것입니다. 하나님께서 우리의 기도를 들으시고 응답해 주시는 것은 우리가 가치가 있기 때문이 아닙니다. 하나님께서 은혜와 용서와 사랑과 자비를 베푸시는 것은 우리의 선함에 대한 응답이 아니라, 자신의 부족함을 깨닫고 하나님을 의지하고 부르짖는 우리의 믿음의 기도에 대한 응답인 것입니다. 아브라함을 기억하십시오. 상황을 보면 전혀 희망이 없는 것 같았지만, 아브라함은 하나님께서 약속하신 것을 능히 이루실 수 있는 분이심을 **확신**했습니다.

히브리서 기자는 우리에게 바로 이 "거룩한 확신"을 연습할 것을 격려하고 있습니다.

> 그러므로 형제들아, 우리가 예수의 피를 힘입어 성소에 들어갈 담력을 얻었나니, 그 길은 우리를 위하여 휘장 가운데로 열어 놓으신 새롭고 산 길이요 휘장은 곧 저의 육체니라. 또 하나님의 집 다스리시는 큰 제사장이 계시매 우리가 마음에 뿌림을 받아 양심의 악을 깨닫고 몸을 맑은 물로 씻었으니 참 마음과 온전한 믿음으로 하나님께 나아가자. 또 약속하신 이는 미쁘시니 우리가 믿는 도리의 소망을 움직이지 말고 굳게 잡아. (히브리서 10:19-23)

적극적인 믿음의 삶은 우리로 하여금 무릎을 꿇고 담대하게 기도할 수 있게 합니다. 이제는 우리가 지성소에 들어가는 길을 막는 것이 아무것도 없습니다. 우리는 그리스도의 피를 힘입어 은혜의 보좌 앞에 거리낌없이 나아갈 수 있습니다.

최근에 말씀을 전하러 해외 여행을 한 적이 있는데, 이민국 관리들이 불법적인 방법으로 여권을 통제하고 있는 어느 나라에 갈 때는 조심하라고 하는 말을 들었습니다. 우리가 받은 여권은 최근에 받은 것이요 입국 비자도 미리 받아 두었기 때문에 그 나라에 입국하는 것은 아무 문제도 없었습니다. 문제는 그 나라에서 출국할 때라는 것이었습니다. 우리가 그들에게 열흘간 체류할 예정이라고 하면 그들은 우리 여권에 5일간 체류한다는 도장을 찍는다는 것이었습니다. 그러다가 열흘 후에 우리가 출국할 때면 그들은 우리에게 불법적으로 그 나라에 체류했다고 지적하고서는 문제를 일으킨다는 것입니다. 여권을 보면 체류 기간을 넘겼다는 것입니다. 그들과 아무리 논쟁을 해봐야 유익이 없다고 했습니다. 출국 창구를 통과해서 비행기에 탑승하려면 그들이 요구하는 몇 달러의 뇌물을 주어야 한다고 했습니다. 이런 모든 것들이 과연 이번에는 우리가 출국할 때 문제가 되지 않을까 하는 생각으로 마음을 썩 편치 못하게 만드는 것이었습니다.

그때, 이와는 너무나 대조적인, 하나님 안에서 우리가 가진 확신이 생각났습니다. 우리는 은혜의 보좌 앞에서는 전혀 이런 감정을 느끼지 않습니다. 우리는 하나님께서 약속하신 것을 신실하게 지키시는 분이심을 기억하고 온전한 믿음 가운데 하나님께 나아갈 수 있습니다. 우리의 믿음은 하나님의 신실하심에 그 기초를 두고 있습니다.

예수님께서 자기에게 너무 많은 것을 기대한다고 제자들을 꾸짖으신 일이 있습니까? 천만에요. 오히려 예수님께 많은 것을 기대하지 않는다고 제자들을 꾸짖으셨습니다. 예수님과 세 제자가 변화산에서 내려왔을 때 제자들이 귀신의 능력 앞에서 아무 일도 못하고 있던 장면을 기억하시겠지요? 그 부분의 말씀을 읽어 봅시다.

저희가 이에 제자들에게 와서 보니 큰 무리가 둘렀고 서기관들이 더불어 변론하더니, 온 무리가 곧 예수를 보고 심히 놀라며 달려와 문안하거늘, 예수께서 물으시되, "너희가 무엇을 저희와 변론하느냐?" 무리 중에 하나가 대답하되, "선생님, 벙어리 귀신 들린 내 아들을 선생님께 데려왔나이다. 귀신이 어디서든지 저를 잡으면 거꾸러져 거품을 흘리며 이를 갈며 그리고 파리하여 가는지라. 내가 선생의 제자들에게 내어쫓아 달라 하였으나 저희가 능히 하지 못하더이다." 대답하여 가라사대, "믿음이 없는 세대여, 내가 얼마나 너희와 함께 있으며 얼마나 너희를 참으리요. 그를 내게로 데려오라" 하시매 이에 데리고 오니 귀신이 예수를 보고 곧 그 아이로 심히 경련을 일으키게 하는지라. 저가 땅에 엎드려져 굴며 거품을 흘리더라. 예수께서 그 아비에게 물으시되 "언제부터 이렇게 되었느냐?" 하시니, 가로되 "어릴 때부터니이다. 귀신이 저를 죽이려고 불과 물에 자주 던졌나이다. 그러나 무엇을 하실 수 있거든 우리를 불쌍히 여기사 도와주옵소서." 예수께서 이르시되, "할 수 있거든이 무슨 말이냐? 믿는 자에게는 능치 못할 일이 없느니라" 하시니, 곧 그 아이의 아비가 소리를 질러 가로되 "내가 믿나이다. 나의 믿음 없는 것을 도와주소서" 하더라. 예수께서 무리의 달려 모이는 것을 보시고 그 더러운 귀신을 꾸짖어 가라사대, "벙어리 되고 귀먹은 귀신아, 내가 네게 명하노니 그 아이에게서 나오고 다시 들어가지 말라" 하시매, 귀신이 소리지르며 아이로 심히 경련을 일으키게 하고 나가니, 그 아이가 죽은 것같이 되어, 많은 사람이 말하기를 "죽었다" 하나, 예수께서 그 손을 잡아 일으키시니 이에 일어서니라. 집에 들어가시매 제자들이 조용히 묻자오되 "우리는 어찌하여 능히 그 귀신을 쫓아내지 못하였나이까?" 이르시되 "기도 외에 다른 것으로는 이런 유가 나갈 수 없느니라" 하시니라. (마가복음 9:14-29)

19절의 예수님 말씀을 주의 깊게 살펴봅시다. 예수님께서는 "서투른 세대여!"라든가 "힘없는 세대여!" 또는 "어리석은 세대여!"라고 외치지 않으셨습니다. 주님은 "믿음이 없는 세대여!"라고 하셨습니다. 귀신들린 아이의 아비에게 하신 말씀도 간단명료했습니다. "할 수 있거든이 무슨 말이냐? 믿는 자에게는 능치 못할 일이 없느니라." 주님이 하신 말씀을 보면, 이제 주님이 취하실 행동이 그 아비의 믿음 여하에 달려 있는 것처럼 보입니다. 아이의 아비는 이 모든 문제가 자신의 믿음에 달려 있다는 것을 알고서는, "내가 믿나이다!" 하고 외쳤습니다. 그는 그때까지 자기를 사로잡고 있는 불신을 숨기려 하지 않고, 자기 마음속의 싸움을 인정했습니다. 비록 자신이 불신과 씨름을 하고는 있었지만 그는 믿음의 외침을 발할 수가 있었습니다. "내가 믿나이다!"라는 말과 함께 그는 아직까지도 자신에게 남아 있는 불신에서 자신을 구해 주시기를 구했습니다. "나의 믿음 없는 것을 도와주소서." 그의 불신은 그리스도를 믿기를 거절하는 고집이나 강퍅한 마음과는 달랐습니다. 오히려 그것은 자신의 힘으로는 극복할 수 없음을 잘 알고 있는 자신의 연약함에 대한 것이었습니다. 그러므로 그는 대단히 지혜롭게 행하였습니다. 즉, 그리스도께 도움을 요청했던 것입니다.

이 이야기 속에는 퍽 대조적으로 나타나 있는 것이 한 가지 있습니다. 예수님께서는 그 아이의 아비에게는 매우 부드럽게 대하고 이해를 하시는 것 같았지만 제자들에게는 매우 강하게 대하셨다는 것입니다. 왜 그러셨을까요? 그 이유는 이미 이전에 주님께서 제자들에게 "귀신을 쫓으라"는 명령을 주셨고 동시에 그 일을 할 수 있는 능력을 주셨기 때문이라고 생각합니다. 제자들은 둘러선 무리의 불신을 인하여 주님의 능력을 사용하지도, 주님의 명령에 순종하지도 않았습니다.

"저희의 믿지 않음을 인하여 거기서 많은 능력을 행치 아니하시니라"(마태복음 13:58). 주님은 오늘 우리의 가정과 우리의 교회에 대해서도 슬프게도 같은 말씀을 하고 계시지는 않습니까? 우리의 사역이 불신 때문에 더 커나가지 못하고 묶여 있지는 않습니까?

하나님께서 하실 수 있는 일에는 제한이 없으십니다. 하나님께서는 "우리 가운데서 역사하시는 능력대로 우리의 온갖 구하는 것이나 생각하는 것에 더 넘치도록 능히 하실"(에베소서 3:20) 분이십니다. "더 넘치도록 능히 하실 이"라는 대목을 더욱 주의해서 살펴보십시오. 문제는 하나님께 있는 것이 아니라 우리의 간구와 생각의 범위에 있는 것입니다. 하나님의 능력과 은혜는 다함이 없습니다. 우리가 아무리 많이 구해도 하나님의 풍성하신 바다와 같은 창고는 마르는 법이 없습니다. 하나님께서는 우리가 생각하는 것이나 구하는 것보다도 더 큰 것을 주실 수 있습니다. 더 풍성하게 주실 수 있습니다. 더 넘치게 주실 수 있습니다. 말로는 더 이상 표현할 수 없을 정도로 크게 채워 주실 수 있습니다.

7
마음의 짐

…울며 그에게 간구하였으며…
호세아 12:4

절망적이었습니다. 딸아이와 함께 어울리기 시작한 패거리들이 그 아이를 방탕한 길로 이끌 것이라는 생각이 들었습니다. 그 애는 피자를 파는 식당에 취직하여 일하고 있었는데, 그곳에서 함께 일하고 있는 사람들 가운데는 마약과 술과, 불량 집단에 빠져 버린 또래가 몇 있었습니다. 딸아이는 그런 아이들에게 미혹되어 그들을 좋게 생각했습니다. 그러다가 이제는 밤늦게 귀가하기 시작했고, 우리가 그 이유를 물으면 아주 솔직하게 대답해 주는 것이었습니다. 그 애의 생각으로는 그들이 재미있는 사람들인데 왜 우리가 염려를 하고 있는지 이해가 가지 않는다는 것입니다.

그러나 우리에게는 그것이 문제였습니다. 몇 년 전에 큰아들 녀석이 똑같은 종류의 사람들에게 빠져서 어려움을 겪는 것을 본 적이 있는 터라 딸아이가 또 그런 곤란을 당하게 되는 것을 절대로 내버려 둘 수는 없었습니다. 그것 때문에 그 아일 붙잡고 이야기를 해주어도 아무 소용이 없었습니다. 그 애는 늘 "알아요, 아빠. 괜찮을 테니 아무 염려 마세요"라는 태도를 보였습니다. 그렇다고 염려를 아니할 수 없었습니다. 우리가 해준 말이나 보여 준 태도는 아무런 도움도 되지 못하는 것 같았습니다. 우리는 딸 아이 베키 때문에 마음에 큰 짐이 생겼습니다.

어느 날 나는 아내에게 잠시 집을 떠나 어딘가에 가서 함께 기도를 하자고 제안했습니다. 우리는 차를 몰아 어느 조용한 곳으로 가서 나무 그늘 아래 세워 놓고는 기도하기 시작했습니다. 우리는 딸 아이 때문에 생긴 무거운 마음의 짐을 하나님 앞에 다 털어놓았습니다. 거기에 얼마 동안 있었는지는 생각이 나지 않지만 아무튼 우리는 서두르지 않고 기도했습니다. 우리는 마음에 무거운 짐을 진 부모였습니다. 큰 근심을 가진 부모였습니다. 우리의 짐을 맡길 수 있는 오직 한 곳, 즉 하나님의 은혜의 보좌 앞에 나아갈 수밖에 없었던 부모였습니다.

오랫동안 간절히 기도를 한 후에 우리는 집으로 돌아왔습니다. 직장에 나갔던 딸아이는 그날 밤 늦게 돌아왔습니다. 다음날 아침 그 애는 폭탄과 같은 말을 하는 것이었습니다. 그 패거리의 두목격인 여자 아이가 그 도시를 곧 떠나게 되는데 베키보고 함께 가자고 말했다는 것입니다. "그래, 너도 갈 거냐?" 이 말에 그 애는 "아뇨, 전 안 가요. 그 애와 함께 가고 싶지 않아요. 그건 바보 같은 생각이에요" 하고 대답했습니다. 바로 그날 그 여자 아인 그곳을 떠났습니다. 그가 떠나자 그 패거리들도 다 흩어지게 되었고, 베키는 그런 생활 방식에 흥미를 잃어버렸습니다. 베키는 자기를 타락하게 만들지도 모를 위험에서 벗어났습니다. 그 모든 일이 하룻밤 새에 일어났습니다. 그 일이 일어난 것은 딸을 구해 달라고 하나님께 매달려 간절히 기도한 부모의 뜨거운 기도에 대한 직접적인 응답이라고 나는 믿습니다. 하나님께서 우리의 짐을 져주신 것입니다.

성경에는 간절한 기도에 대하여 말하고 있는 구절들이 많이 있습니다. 그중에는 야고보가 말한 것도 있는데, 그는 이처럼 분명하게 밝혔습니다. "의로운 사람의 간절한 기도는 큰 능력이 있고 놀라운 효과를 가져옵니다"(야고보서 5:16, 현대어성서). 이 구절을 비롯한 여러 구절을 통해 우리는 간절한 기도는 마음에 짐을 지고 있는 사람에게서 터져 나온다는 것을 알 수 있습니다.

성경에서 찾아볼 수 있는 간절한 기도의 한 가지 예로서는 아브라함이 소돔성을 멸하지 마시기를 하나님께 구한 것을 들 수 있습니다. 소돔과 고모라의 죄는 극에 달했습니다. 아브라함은 물론 그들의 부도덕한 행위를 용납하지는 않았지만, 하나님 앞에 나아가 그의 마음을 쏟아 놓기 시작했습니다. 나는 어떤 설교자들이 이 구절을 한 슬기로운 노인이 하나님과 흥정하는 것으로 간주하고 싱글싱글 웃으면서 설교하는 것을 들은 적이 있습니다. 그러나 이 구절의 요지는 거기에 있지 않습니다. 이것은 하나님 앞에 무릎을 꿇고 마음속 깊은 곳에서 우러나오는 것을 외치고 있는 사람의 모습인 것입니다.

아브라함의 기도는 하나님께서 앞으로 하실 일에 대하여 미리 알려 주신 것에 대한 반응이었습니다. 만약 하나님께서 아브라함에게 그 일을 알려 주시지 않았다면 아브라함은 기도하지 않았을 것입니다. 우리에게도 이것은 마찬가지입니다. 우리는 능력 있는 기도가 하나님과 매일 교제를 나누는 사람들로부터 나온다는 사실을 깨닫지 못하고 우리의 기도 생활이 힘이 없고 효력이 없다고 불평하곤 합니다. 하나님과의 교제는 2차선 도로와 같습니다. 하나님께서 말씀을 통하여 우리에게 뜻을 알려 주시면 우리는 그에 응답하여 순종하고, 우리가 기도로 우리 마음속의 짐을 하나님 앞에 쏟아 놓으면 하나님께서는 우리에게 신실하게 응답해 주십니다.

하나님께서 아브라함에게 소돔에 대한 것을 말씀해 주셨을 때 아브라함은 그 말씀에 반응을 나타내어 소돔 사람들을 위하여 간구를 올렸던 것입니다.

　이것은 놀라운 이야기입니다. 소돔의 죄악에 대해서는 두말할 필요도 없이 진저리를 내던 사람이었지만, 그는 소돔 사람들이 당할 불행을 기뻐하지 않고 도리어 그들의 구원을 위하여 기도했습니다.

　나는 최근 어떤 일을 통하여 나 자신이 이와 같은 경건한 마음과는 얼마나 거리가 먼 사람인가를 깨닫게 되었습니다. 친구 한 사람이 콜로라도스프링스에 집을 사서 이사를 오게 되었습니다. 이사 올 집에는 네 젊은이가 기거하고 있었는데, 그 집을 몇 월 며칠에 비워 주기로 약속을 했습니다. 그날이 되어서 아내와 나, 아들 랜디, 그리고 두 명의 다른 사람이 그 친구의 이사를 도우러 그 집으로 갔습니다. 우리가 놀란 것은 그 시간이면 집을 비웠어야 할 그 젊은이들이 그때까지도 짐 보따리 하나 싸지 않고 모든 것을 그냥 내버려둔 채 곯아 떨어져 있었다는 것입니다. 할 수 없이 그들과 다시 합의를 본 것은 우리가 그들의 짐을 마당에 다 내놓고, 집안 청소를 다한 다음 친구의 짐을 집안으로 옮기기로 했습니다. 한꺼번에 두 집 이삿짐을 날라야 했습니다! 우리가 해야 할 일을 듣고 나니 허리가 다 휘어질 것 같았습니다. 아내와 내가 이사를 할 때면 언제나 시간 전에 집을 비워 주고 청소도 깨끗이 해주는데, 여기서는 방에 있는 짐들을 밖으로 옮겨 놓고, 집안을 다 청소하고, 그 일이 끝나면 또 밖에 있는 친구의 짐을 날라 들여놓아야 했습니다. 게다가 심하게 말하면 방은 꼭 돼지우리 같았습니다. 온 집안은 더러웠을 뿐만 아니라 여기저기 빈 술병들이 굴러다녔고 피다 만 마리화나 조각들이 방바닥에 어지럽게 널려 있었습니다.

어쨌든 작업은 시작되었고, 그들의 물건을 마당으로 다 옮겨 놓고 집 청소까지 다 끝냈습니다. 이제 트럭에 실려 있는 친구의 짐을 집안으로 옮기기 시작했습니다. 이 일이 끝나고 나자 무슨 일이 일어났는지 아십니까! 비가 오기 시작했습니다. 그 사람들의 물건이 마당에 그냥 널려 있는데 말입니다. 최고급 전축, 옷, 가전제품 등등 우리가 마당에 꺼내다 놓은 것들이 다 비를 맞기 시작하는 것입니다. 내가 어떤 반응을 보였으리라 생각하십니까? 아브라함의 본을 따라서 그들을 불쌍히 여기고 기도했겠습니까? 그렇게 하지 않았습니다. 나는 그들의 불운을 속으로 고소하게 생각했습니다. "당연한 귀결이야. 진작 약속대로 짐을 옮겼더라면 그런 일은 안 생겼지." 아브라함은 얼마나 달랐습니까! 또 예레미야는 어떻게 달랐습니까! 그는 백성들의 죄를 보고서는 울었습니다. "내 눈이 눈물에 상하며 내 창자가 끓으며 내 간이 땅에 쏟아졌으니, 이는 처녀 내 백성이 패망하여 어린 자녀와 젖 먹는 아이들이 성읍 길거리에 혼미함이로다"(예레미야애가 2:11). 예루살렘을 위하여 우신 예수님은 또 얼마나 다릅니까!

아브라함은 마음에 짐을 진 사람이었습니다. 물론 그 짐 가운데 한 부분은 소돔성에 살고 있던 자기 조카 롯을 향한 마음이긴 했습니다. 전에도 한 번 아브라함은 사로잡혀 가던 롯을 구출함으로써 그에 대한 사랑을 나타낸 적이 있었습니다. 서로의 충돌을 피하기 위하여 롯에게 방목할 땅을 먼저 선택할 수 있도록 양보해 주기도 했습니다. 이제 그는 롯을 다시 구출하기 위하여 기도하고 있는 것입니다. 일찍이 롯이 아브라함에게 인색하게 대했던 모든 일들도 오래 전에 잊고 용서하고 아브라함은 이제 염치없는 이 조카를 위하여 마음에 짐을 진 것입니다.

마음속 깊은 곳에서 우러나오는 아브라함의 기도는 우리에게 도전을 줍니다. 과연 우리도 그와 같이 될 수 있을까요? 우리는 정말 "너희를 핍박하는 자를 위하여 기도하라"는 예수님의 가르침을 따를 수 있겠습니까? 이러한 마음을 어떻게 얻을 수 있습니까? 예레미야 30:21에서 하나의 실마리를 찾을 수 있습니다: "내가 그를 가까이 오게 하므로 그가 내게 접근하리라. 그렇지 않고 담대히 내게 접근할 자가 누구뇨? 여호와의 말이니라." 우리가 하나님과 가까이 하는 일에 헌신할 때 하나님께서는 우리로 하여금 다른 사람을 위한 마음의 짐을 갖도록 도와주실 것입니다. 그 일은 주님으로부터 옵니다. 다른 사람들을 위한 마음의 짐을 갖는 것은 인간의 본성과는 사뭇 반대가 되기 때문입니다. 마음의 짐이 간절한 기도로 옮겨지는 것은 성령께서 우리의 삶 가운데서 역사하고 계신 결과인 것입니다. 아브라함은 자신의 연약함을 인정했습니다. "티끌과 같은 나라도 감히 주께 고하나이다"(창세기 18:27). 우리는 자신이 살아 계신 하나님 앞에 나아갈 가치가 없는 존재요, 무력한 존재요, 또한 전적으로 하나님께만 달려 있는 존재임을 깨달을 때 비로소 간절한 기도가 터져 나오는 것입니다.

사무엘은 그렇게 해줄 만한 자격이 없는 백성들을 위하여 기도의 짐을 졌습니다. 그 백성들은 사무엘의 지도를 거절하고 왕을 구했었습니다. 그러나 일단 그들이 어려움 가운데 처하자 다시 사무엘에게로 돌아와서 기도를 요청했습니다. "당신의 종들을 위하여 당신의 하나님 여호와께 기도하여 우리로 죽지 않게 하소서. 우리가 우리의 모든 죄에 왕을 구하는 악을 더하였나이다"(사무엘상 12:19).

이 상황에 대하여 잠깐 생각해 봅시다. 그러한 기도 요청에 대한 매우 인간적인 반응은 어떤 것이겠습니까? 어떤 사람에게 매우 박절하게 거절당하고 쫓겨났다고 해봅시다. 그런데 놀랍게도 그 사람이 후에 당신을 찾아와서 당신에게 **큰** 부탁을 하나 한다고 합시다. 그 부탁을 들어주려면 많은 시간과 정력과 수고를 들여야 합니다. 당신에게는 전심으로, 또한 적극적인 태도로 그 부탁을 들어주려는 마음이 있을 것이라고 생각합니까? 아마 그렇지는 않을 것입니다. 사무엘로서는 이렇게 말하는 것이 더 자연스러웠을지도 모릅니다: "아니, 이제 와서 기도를 해달라고? **사울**에게 가서 그대들을 위해 기도해 달라고 하지 그래? 난 이제 더 이상 그대들에게 필요가 없을 텐데. 그대들은 사울을 택했지 않았는가? 그에게 가서 기도해 달라고 하게."

그러나 사무엘은 그런 식으로 반응을 나타내지는 않았습니다. 그의 대답은 놀랍습니다. "나는 너희를 위하여 기도하기를 쉬는 죄를 여호와 앞에 결단코 범치 아니하고, 선하고 의로운 도로 너희를 가르칠 것인즉"(사무엘상 12:23). 사실상 그가 한 말은 "그대들을 위해 기도해 달라고? 물론이지. 기도하고 말고. 그대들을 위해 기도하지 않는 것은 내 책임을 등한히 하는 것이요 하나님 앞에서도 죄를 짓는 것일세." 나는 이 구절을 카드에 적어서 외었지만 그 말이 오늘날 사람들의 생각과는 너무도 다른 것을 보며 큰 감명을 받습니다.

그리스도인들이여, 하나님께서는 그분께 부르짖으라고 우리에게 명령하셨습니다. 그러나 우리가 **단지** 의무감 때문에 부르짖는다면 우리의 기도는 효과적이 되지 못할 것이며, 그 기도는 진실함이 **빠져** 버릴 것입니다. 기도가 하나의 습관이요, 의무요, 형식이 되어 버리면 힘을 잃어버립니다. 기도는 마음으로부터 흘러나와야 합니다. 마음으로부터 흘러나오는 기도를 하기 위해서는 날마다 하나님과 깊은 교제의 삶을 살며 하나님께서 우리의 마음을 감동시켜 주시기를 간구해야만 합니다.

다윗은 마음으로부터 우러나오는 기도의 비결을 가르쳐 주고 있습니다. "여호와께서는 자기에게 간구하는 모든 자 곧 진실하게 간구하는 모든 자에게 가까이하시는도다"(시편 145:18). "진실하게"라는 말은 대단히 중요합니다. 마음속에 짐을 지고 있는 사람이 진실하게 기도하는 것입니다. 깨지고 상한 심령은 그 기도 안에 차가운 형식과 점잖은 체하는 위선을 채우지 않습니다. 겸손한 마음 안에는 교만이라는 허위가 들어 있지 않습니다. 또한 이 구절 안에는 큰 약속을 나타내는 단어가 들어 있습니다. "모든"이라는 단어가 바로 그것입니다. 하나님을 향하여 진실하게 간구하는 모든 자에게 약속을 주셨습니다. 하나님께서는 "신앙의 위인들"만 가까이하신다고 생각하는 함정에 빠지지 않기 위하여 이 말씀을 마음속에 새겨 두는 것은 대단히 중요한 입니다. 우리는 신앙의 위인들에 대한 글을 읽고는 "나같이 보잘것없는 사람"이 은혜의 보좌 앞에 나아가 기도하고 그 응답을 기대해 봐야 소용없는 일이라고 스스로 결론을 내릴 수도 있습니다. 이것은 마귀의 거짓말입니다. 마귀는 이런 계교를 써서 사람들로 하여금 하나님 앞에 그들의 무릎을 꿇지 않게 만듭니다. 속지 마십시오. 하나님께서는 진심으로 자기에게 마음을 쏟아 놓는 "모든" 사람들에게 가까이하십니다.

하나님께서는 열심히 우리의 기도를 듣고 응답해 주시는 분이십니다. 우리는 종종 이 사실을 깨닫지 못하는 경우가 있습니다. 우리 자신이 다른 사람들에게 잘 참지 않기 때문에 하나님도 우리에게 잘 참아 주시지 않을 거라고 생각하기 쉽습니다. 나는 얼마 전에 다섯 살짜리 사내아이와 탁구를 함께 친 적이 있는데, 그 아이는 생전 처음으로 탁구대 앞에 서보고 탁구 라켓을 쥐어 보고 공을 쳐보는 아이였습니다. 그에게는 모든 것이 신기하기만 했습니다. 스코어는 어떻게 매기며, 네트는 왜 쳐 놓았는지, 어떻게 하면 이기는 것이고, 이 조그마한 플라스틱 공 대신에 털이 있는 테니스 공을 사용할 수는 없는지, 모든 것이 신기해서 묻고 또 묻는 것이었습니다. 아이들에게 탁구를 가르치는 것이 재미있기는 했지만 솔직히 말해서 조금 하고 나니 피곤해졌습니다. 나는 그 녀석의 끊임없는 질문에 지쳐 버렸습니다. 그러나 하나님께서는 우리의 거듭되는 요청에도 절대로 지치거나 참을성을 잃는 분이 아니십니다. "악인의 제사는 여호와께서 미워하셔도 정직한 자의 기도는 그가 기뻐하시느니라"(잠언 15:8). 하나님께서는 자기 백성의 기도를 항상 기뻐하십니다. 왜냐하면 우리로 하여금 기도를 하도록 일깨우고 말씀을 통하여 인도하셔서 우리가 무엇을 말하며 무엇을 구할지 알게 하시는 이가 바로 성령이시기 때문입니다. 그러므로 예수님께서는 이렇게 명하셨습니다. "구하라 그러면 너희에게 주실 것이요, 찾으라 그러면 찾을 것이요, 문을 두드리라 그러면 너희에게 열릴 것이니, 구하는 이마다 얻을 것이요, 찾는 이가 찾을 것이요, 두드리는 이에게 열릴 것이니라"(마태복음 7:7-8).

야곱의 생애 가운데서 막다른 골목에 처한 때가 있었습니다. 그가 두려워하던 시간이 다가온 것입니다. 자기가 속였던 형 에서와 맞부딪치지 않을 수 없게 되었습니다. 그는 자기가 형에게 살해될지도 모른다는 공포 때문에 하나님께 구원해 주시기를 간구하기 시작했습니다. 그리고 나서는 그 두려운 만남의 준비를 하기 위하여 아내들과 종들과 아들들을 앞서 떠나게 하고 자기는 남아서 마지막으로 그의 두려운 마음의 짐을 하나님께 맡기기 위하여 하나님을 만났습니다.

성경에는 이렇게 기록되어 있습니다: "야곱은 홀로 남았더니, 어떤 사람이 날이 새도록 야곱과 씨름하다가"(창세기 32:24). 야곱이 이 씨름에서 이길 수 있었던 비결은 소선지서의 한 기록을 통하여 엿볼 수 있습니다. 호세아 12:4을 주의해 봅시다. "천사와 힘을 겨루어 이기고 울며 그에게 간구하였으며." 여기서 우리는 두 가지 요소, 즉 강한 것과 약한 것이 이상하게도 함께 섞여 있는 것을 볼 수 있습니다. 올림픽 경기에서 금메달을 딸 정도로 잘 싸우는 선수가 어린애처럼 울고 있다고 해봅시다. 세상 사람들이 어떻게 생각할까요? 참으로 이상하게 생각할 것입니다! 그러나 그것이 바로 야곱에게는 승리의 비결이었습니다. 눈물로 올려진 기도야말로 하나님의 백성들이 오랜 세월에 걸쳐 힘찬 승리를 얻을 수 있었던 무기였던 것입니다.

선지자 호세아는 이 진리를 이렇게 적용했습니다: "그런즉 너의 하나님께로 돌아와서 인내와 공의를 지키며 항상 너의 하나님을 바라볼지니라"(호세아 12:6). 호세아는 우리에게, 사람의 도움에 의지하려는 헛된 생각으로 가득 찬 에브라임과는 달리(호세아 12:1), 회개와 믿음으로 하나님께로 돌아와서, 그분만을 의지하고, 그분을 사랑하고, 순종하라고 촉구하고 있습니다. 여기서 우리는 다시 한번, 간절하고 마음으로부터 우러나오는 기도라야 능력이 있다는 것을 알게 됩니다. "어떤 능력이 있습니까? 기도를 하면 무슨 일이 일어났습니까?"라고 물을지도 모르겠습니다. 성경의 기록을 살펴보십시오. 기도를 했을 때 애굽에서 우박이 멈추었고(출애굽기 9:28-33), 전투에서 아말렉을 격파했으며(출애굽기 17:11), 금송아지 사건으로 인한 하나님의 진노하심에서 백성들을 구할 수 있었고(출애굽기 32:10-14), 백성들이 불평 불만으로 인한 죄의 형벌에서 구원받았으며(민수기 11:1-3), 불뱀으로부터 구원받았습니다(민수기 21:7-9). 뿐만 아니라 태양까지도 멈추게 할 수 있었습니다(여호수아 10:12-14). "무엇이든지 전에 기록한 바는 우리의 교훈을 위하여 기록된 것이니 우리로 하여금 인내로 또는 성경의 안위로 소망을 가지게 함이니라"(로마서 15:4)는 말씀을 생각할 때 우리는 이 구절들을 통하여 큰 격려를 받게 될 것입니다.

성경 말씀을 통해 하나님께서 기도에 응답하여 행하신 이러한 기적들을 되새겨 보면서, 기도는 우리의 삶에 위로와 축복을 가져오는 능력이 있다는 사실을 우리는 배우게 됩니다. 여기서 자칫 우리는 기도의 또 다른 중요한 면을 간과하고 싶은 유혹에 빠질 수도 있습니다. 그것은 바로 주님께 우리 자신의 죄를 자백하는 것입니다. 다니엘의 기도는 이 점에서 우리를 인도해 주고 있습니다.

> 내가 금식하며 베옷을 입고 재를 무릎쓰고 주 하나님께 기도하며 간구하기를 결심하고, 내 하나님 여호와께 기도하며 자복하여 이르기를, "크시고 두려워할 주 하나님, 주를 사랑하고 주의 계명을 지키는 자를 위하여 언약을 지키시고 그에게 인애를 베푸시는 자시여, 우리는 이미 범죄하여 패역하며 행악하며 반역하여 주의 법도와 규례를 떠났사오며…" (다니엘 9:3-5)

이 위대한 기도는 예레미야가 쓴 책에 그 기초를 두고 있습니다. 다니엘은 성경을 공부하다가 예레미야가 기록한 예언과 그 예언의 성취에 대한 것을 깨닫고 그 일에 마음이 사로잡혔습니다(다니엘 9:1-2). 그 확신으로 말미암아 그는 회개하고 죄를 자복하는 이 위대한 기도를 하게 되었습니다.

여기에 위대한 진리가 있습니다. 즉 우리가 하나님의 말씀을 공부하고, 적용하고, 순종할 때, 말씀은 우리로 하여금 계속 바른 길을 가도록 도와준다는 것입니다. 다니엘은 성경 말씀을 기초로 하여 기도를 했고, 또한 그 말씀으로부터 지침을 얻었습니다. 이를 통하여, 우리는 하나님의 말씀이 다른 어떤 것보다도 귀중하다는 사실을 알아야 합니다. 나는 근년에 꿈이나 환상 등 소위 하나님으로부터의 특별한 계시를 좋아한 나머지 성경 말씀을 소홀히 하는 사람들을 만난 적이 있습니다. 그러나 다니엘은 그렇게 하지 않았습니다. 구약의 선지자들 가운데서 다니엘만큼 환상과 꿈에 뛰어난 선지자도 없었지만 그는 그런 계시들보다는 하나님의 말씀을 더 신뢰했습니다. 그는 하나님의 말씀을 앞에 펴놓고 그 말씀들을 연구하는 일에 온 힘을 쏟았습니다. 그 결과 그는 또한 하나님 앞에서 자신의 마음을 쏟아 놓으며 큰 회개의 기도를 하게 되었습니다. 성경 말씀을 대할 때 우리는 자신의 죄가 무엇이며, 자신의 필요가 무엇인지를 깨닫게 됩니다. 그러므로, 자신의 죄가 무엇이며 자신의 필요가 무엇인지 알고 싶거든 성경을 보십시오.

당신이 두 친구와 함께 높은 산에 올라갔을 때 갑자기 하늘에서 "예수 그리스도는 하나님의 아들이시다"라는 소리가 들려 왔다고 가정합시다. 일행은 놀라서 서로를 쳐다보면서 묻습니다. "저 소리 들었니? 어디서 난 소리지? 저기 하늘에서 아닌가!" 당신은 그것이 바로 하나님의 음성이라는 것을 깨닫습니다. 자, 당신은 하늘로부터 들려 온 소리와 성경에 기록되어 있는 그와 유사한 말씀 중에서 어느 것을 더 믿겠습니까? 당신이 만약 하늘에서 울린 소리를 더 믿는다면, 베드로는 아마도 당신에게 "생각을 잘못했다. 나야말로 하나님의 음성을 직접 들은 사람이지만 나는 너희들에게 성경 말씀에 착념하라고 충고한다"라고 말할 것입니다. 베드로후서 1:16-21에 기록된 그의 말을 살펴봅시다.

> 우리 주 예수 그리스도의 능력과 강림하심을 너희에게 알게 한 것이 공교히 만든 이야기를 좇은 것이 아니요,

우리는 그의 크신 위엄을 친히 본 자라. 지극히 큰 영광 중에서 이러한 소리가 그에게 나기를, "이는 내 사랑하는 아들이요 내 기뻐하는 자"라 하실 때에, 저가 하나님 아버지께 존귀와 영광을 받으셨느니라. 이 소리는 우리가 저와 함께 거룩한 산에 있을 때에 하늘로서 나옴을 들은 것이라. 또 우리에게 더 **확실한 예언**이 있어 어두운 데 비취는 등불과 같으니, 날이 새어 샛별이 너희 마음에 떠오르기까지 너희가 이것을 주의하는 것이 가하니라. 먼저 알 것은 경의 모든 예언은 사사로이 풀 것이 아니니, 예언은 언제든지 사람의 뜻으로 낸 것이 아니요, 오직 성령의 감동하심을 입은 사람들이 하나님께 받아 말한 것임이니라.

이 구절을 공부하면서 나는 자문해 보았습니다. "더 확실한 예언이라고?" 하늘에서 울린 소리보다 더 확실한 것이라고요? 그렇습니다. 그것보다 더 확실한 것입니다! 이것이야말로 성경 말씀의 확실성과 완전성에 대한 압도적인 증거인 것입니다. 그러므로 도움과 격려를 구할 때이든 자백과 회개에 대한 인도를 구할 때이든 성경 말씀에 착념해야 합니다. 다니엘과 베드로가 보여 준 본은 성경 말씀이 다른 어떤 "계시"보다 더 우월하다는 사실을 가르쳐 주고 있습니다.

성경에 보면 아론이 성소에 들어갈 때에는 이스라엘 아들들의 이름을 가지고 들어갔습니다.

그 두 보석을 에봇 두 견대에 붙여 이스라엘 아들들의 기념 보석을 삼되 아론이 여호와 앞에서 그들의 이름을 그

> 두 어깨에 메어서 기념이 되게 할지며… 아론이 성소에 들어갈 때에는 이스라엘 아들들의 이름을 기록한 이 판결 흉패를 가슴에 붙여 여호와 앞에 영원한 기념을 삼을 것이니라. (출애굽기 28:12,29)

그 이름들을 어디에 달고 들어갔는가를 보십시오. 그 어깨와 가슴에였습니다. 그 이름들은 보석에 새겼습니다. 아론은 백성들을 위하여 중보의 기도를 할 짐을 지고 있었던 것입니다. 이것은 마치 아브라함이 소돔성의 사람들과 자기 조카 롯을 위하여 느끼고 있었던 짐과 사무엘이 이스라엘 자손들을 위하여 지고 있던 기도의 짐, 다니엘이 자신의 죄와 백성들의 죄에 대하여 느끼고 있었던 짐, 그리고 아내와 내가 우리 딸 베키를 위하여 느끼고 있었던 짐과 마찬가지였습니다.

기도의 짐을 진 마음은 하나님의 마음을 움직이는 열쇠의 하나인 것입니다.

8
찬양과 감사

> 범사에 감사하라. 이는 그리스도 예수 안에서
> 너희를 향하신 하나님의 뜻이니라.
> 데살로니가전서 5:18

유명 인사와 그의 가족들에게 비극이 덮친다면 그것은 뉴스 거리가 됩니다. 욥의 경우가 바로 그러하였습니다. 그는 당대의 세계에서 손꼽힐 만한 부호였습니다. 뿐만 아니라 그는 진실로 선한 사람이었으며, 신앙생활도 신실하게 하는 사람이었습니다. 그 정도의 부를 가지고 있는 사람들 중에서는 그들의 사업상 어두운 구석을 숨기기 위한 방편으로 종교의 허울을 쓰는 경우도 있지만 욥은 그렇지 않았습니다. 그는 신실하게 하나님을 따르는 사람이었습니다. 그의 가족들도 훌륭했습니다. 그 자녀들은 다 예의바른 사람들이었으며, 나이트클럽이나 쫓아다니는 망나니들과는 달리 서로 함께하기를 좋아했습니다. 한마디로 욥은 경제적으로 아무 걱정이 없고, 가족들을 사랑하며, 그들을 자랑스러워하고, 선한 생활을 하는 행복한 사람이었습니다. 사람들도 그를 좋아했습니다. 그러나 하룻밤 새에 그의 경제적인 부는 무너져 버리고 재난이 그의 가족들을 덮쳤습니다. 겨우 아내와 몇 명의 종만 남고 그의 자녀들과 식구들은 다 죽어 버렸습니다. 아무 예고도 없이 그런 불행이 닥쳤습니다. 욥 자신도 그런 비극을 맞이할 아무런 마음의 준비를 할 틈이 없었습니다. 그러나 그는 바로 그 비극만큼이나 믿기 어려운 놀라운 반응을 나타냈습니다.

성경에 기록되어 있는 기사는 다음과 같습니다.

> 하루는 욥의 자녀들이 그 맏형의 집에서 식물을 먹으며 포도주를 마실 때에 사자가 욥에게 와서 고하되, "소는 밭을 갈고 나귀는 그 곁에서 풀을 먹는데 스바 사람이 갑자기 이르러 그것들을 빼앗고 칼로 종을 죽였나이다. 나만 홀로 피한 고로 주인께 고하러 왔나이다." 그가 아직 말할 때에 또 한 사람이 와서 고하되, "하나님의 불이 하늘에서 내려와서 양과 종을 살라 버렸나이다. 나만 홀로 피한 고로 주인께 고하러 왔나이다." 그가 아직 말할 때에 또 한 사람이 와서 고하되, "갈대아 사람이 세 떼를 지어 갑자기 약대에게 달려들어 그것을 빼앗으며 칼로 종을 죽였나이다. 나만 홀로 피한 고로 주인께 고하러 왔나이다." 그가 아직 말할 때에 또 한 사람이 와서 고하되, "주인의 자녀들이 그 맏형의 집에서 식물을 먹으며 포도주를 마시더니 거친 들에서 대풍이 와서 집 네 모퉁이를 치매 그 소년들 위에 무너지므로 그들이 죽었나이다. 나만 홀로 피한 고로 주인께 고하러 왔나이다" 한지라. (욥기 1:13-19)

욥은 재산만 잃어버린 것이 아니라 자녀들까지 다 잃어버리는 불행을 당했는데, 그것도 아무 예고 없이 닥친 일이었습니다. 욥의 사랑하는 자녀들, 그에게는 가장 소중한 위안이 되는 그 자녀들이 그가 가장 필요로 하고 있던 때에 한꺼번에 떼죽음을 당했습니다.

욥의 입장에 한번 서 보십시오. 당신에게 이런 일이 일어난다면 당신은 어떻게 했겠습니까? 믿음을 잃게 되었을까요? 하나님을 저주했을까요? 흔히들 하듯이 "왜 하필 나에게 이런 일이 일어났습니까?" 하고 부르짖으며 하나님을 원망하지는 않았을까요? 욥이 보인 반응을 살펴봅시다.

> 욥이 일어나 겉옷을 찢고 머리털을 밀고 땅에 엎드려 경배하며 가로되, "내가 모태에서 적신이 나왔사온즉 또한 적신이 그리로 돌아가올지라. 주신 자도 여호와시요 취하신 자도 여호와시오니 여호와의 이름이 찬송을 받으실지니이다" 하고, 이 모든 일에 욥이 범죄하지 아니하고 하나님을 향하여 어리석게 원망하지 아니하니라. (욥기 1:20-22)

그는 하나님을 저주하거나 원망하지 않고 오히려 경배하고 이름을 높였습니다. 그 나라에서 가장 부유했다가 하루아침에 거지로 전락해 버린 사람이 하나님을 찬양하고 하나님께 복종하는 마음으로 그 앞에 꿇어 엎드렸습니다. 하나님의 모든 선하심에 대하여 감사하는 것이 몸에 배어 있던 욥에게는 이 갑작스러운 불행한 사건조차도 그 감사하는 성품을 바꾸지는 못했습니다. 감사는 욥의 생활 방식이요 그의 성품의 일부였습니다. 그러므로 이제 이 고난과 불행의 순간에도 찬양과 감사가 삶 가운데 깊이 배어 있었기 때문에 그는 하나님으로부터 돌아서지 않았던 것입니다.

데살로니가 교인들에게 준 바울의 교훈이 바로 이 점을 이야기하고 있는 것입니다. "항상 기뻐하라. 쉬지 말고 기도하라. 범사에 감사하라. 이는 그리스도 예수 안에서 너희를 향하신 하나님의 뜻이니라"(데살로니가전서 5:16-18). 우리의 기쁨과 감사가 하나님의 성품과 하나님과의 풍성한 교제 안에 그 뿌리를 두고 있다면 흔들릴 수가 없습니다. 빌립보서 4:4은 불가능한 이상이 아닙니다. 바울은 "주 안에서 항상 기뻐하라. 내가 다시 말하노니 기뻐하라"는 명령이 범사에 감사하는 것을 배운 그리스도인이라면 능히 실천할 수 있다는 것을 알고서 이런 말을 한 것입니다. 하나님께서는 우리로 하여금 예수 그리스도를 통하여 늘 기뻐하고 끊임없이 기도하며 범사에 감사하는 삶을 살 수 있게 해주십니다. 사실 하나님께서는 쓰디쓴 환경과 시련, 그리고 아픔을 사용해서 하나님께 대한 우리의 사랑을 깊이 있게 해주시고 하나님께 대한 우리의 믿음을 강하게 해주십니다.

　아내와 나는 이런 과정이 우리 삶 가운데서 실제로 이루어지는 것을 보았습니다. 몇 년 동안 우리는 마음에 큰 아픔을 지닌 채 살아온 적이 있었는데, 그 아픔은 아무리 세월이 흘러도 도무지 끝날 것 같지 않았습니다. 다음 수요일이나 다음달이나 내년이면 끝난다는 것을 알고 있다면 어려움을 맞이하기는 한결 쉬울 것입니다. 그런 거라면 마음을 단단히 먹고 허리끈을 졸라매고 그 어려움을 참아 낼 수가 있습니다. 그러나 겉보기에 끝이 없을 것 같은 고난 가운데서 하나님께 감사하기는 참으로 어렵습니다. 그러나 그것도 불가능한 것은 아닙니다. 그 몇 년 간의 어려움을 사용하여 하나님께서는 분명 우리의 헌신을 더욱 깊게 해주시고, 우리의 믿음을 강하게 해주셨으며, 우리의 삶을 정화시켜 주셨습니다. 그때의 시련을 비롯한 많은 일들로 인하여 우리는 하나님께 감사를 드릴 수 있습니다. 하나님께서는 이러한 시련들을 사용하셔서 우리의 기도 생활을 균형 있게 만들어 주신 것입니다. 단지 우리 자신만을 위한 간구로만 끝나던 기도 시간이 이제는 감사와 함께 이루어지게 된 것입니다.

최근에 누가복음 17장을 읽다가 주님께서 내 마음 가운데 얹어 주신 한 가지 의문 때문에 혼동 가운데 있었던 적이 있습니다. 마음속에 그 의문이 처음으로 떠올랐을 때는 그럴 수 없는 일이라고 간단하게 생각했습니다. 그러나 그 문제를 생각하면 생각할수록 점점 더 혼동되었습니다. 그 의문이 생긴 것은 누가복음 17:11-19에 기록되어 있는 열 명의 문둥이에 관한 사건에서였습니다.

> 예수께서 예루살렘으로 가실 때에 사마리아와 갈릴리 사이로 지나가시다가 한 촌에 들어가시니 문둥병자 열 명이 예수를 만나 멀리 서서 소리를 높여 가로되, "예수 선생님이여, 우리를 긍휼히 여기소서" 하거늘, 보시고 가라사대, "가서 제사장들에게 너희 몸을 보이라" 하셨더니 저희가 가다가 깨끗함을 받은지라. 그중에 하나가 자기의 나은 것을 보고 큰 소리로 하나님께 영광을 돌리며 돌아와 예수의 발 아래 엎드리어 사례하니 저는 사마리아인이라. 예수께서 대답하여 가라사대, "열 사람이 다 깨끗함을 받지 아니하였느냐? 그 아홉은 어디 있느냐? 이 이방인 외에는 하나님께 영광을 돌리러 돌아온 자가 없느냐?" 하시고 그에게 이르시되, "일어나 가라. 네 믿음이 너를 구원하였느니라" 하시더라.

내게 혼동을 준 것은 바로 이 문제였습니다. 이 말씀은 감사가 믿음보다 더 찾아보기 힘든 것이라고 가르치고 있는가? 열 명의 문둥병자가 다 깨끗함을 받았는데 예수님께 돌아와서 감사한 사람은 단 한 명뿐이었습니다. 그리스도께 순종하여 그 말씀을 실행할 믿음은 열 명이 다 가졌지만 예수님께로 다시 돌아와서 감사한 사람은 단 한 명밖에 없었습니다. 믿음은 흔치 않습니다. 사실 예수님도 "인자가 올 때에 세상에서 믿음을 보겠느냐?"라고 말씀하실 정도로 믿음은 희귀합니다. 그러나 감사는 믿음보다도 찾아보기가 더 힘든 것 같습니다. 진정으로 감사하는 사람을 당신은 얼마나 알고 있습니까? 나는 그런 사람을 많이 알고 있지는 않습니다.

그러나 하나님께서는 "범사에 감사하라. 이는 그리스도 예수 안에서 너희를 향하신 하나님의 뜻이니라"(데살로니가전서 5:18)고 명하셨습니다. 범사에 감사하라고요? 그렇습니다. 모든 일에 감사하라고 하셨습니다. 일이 형통할 때에도 감사해야 하고, 일이 어려울 때에도 감사해야 합니다. 이렇게 할 때 우리 삶의 모든 영역은 변화하기 시작할 것입니다. 우리는 생각도 다르고, 말도 다르고, 행동도 다릅니다. 그러나 진정한 감사의 마음은 우리의 생활 방식을 근본적으로 바꾸어 놓습니다. 감사는 또한 우리의 기도 생활을 변화시킵니다. 우리는 빌립보서 4:6-7을 그대로 경험할 수 있게 될 것입니다: "아무것도 염려하지 말고 오직 모든 일에 기도와 간구로 너희 구할 것을 감사함으로 하나님께 아뢰라. 그리하면 모든 지각에 뛰어난 하나님의 평강이 그리스도 예수 안에서 너희 마음과 생각을 지키시리라." 지난날에 받은 축복들에 감사함으로써 그것을 기초로 견고한 기도 생활을 구축할 수 있는 활력을 얻을 수 있으며, 또한 장차 그것을 기반으로 하나님께 필요한 것들을 구할 힘을 얻게 되는 것입니다.

시편은 "성경 중의 기도 책"이라 불리기도 합니다. 시편을 나누면 간구와 감사와 찬양의 분량이 거의 비슷해지는 것은 결코 우연

이 아닙니다. 시편은 감사하는 생활 방식에 대한 분명한 지침을 주고 있습니다. "지존자여, 십현금과 비파와 수금의 정숙한 소리로 여호와께 감사하며, 주의 이름을 찬양하며, 아침에 주의 인자하심을 나타내며, 밤마다 주의 성실하심을 베풂이 좋으니이다"(시편 92:1-3).

돈도 없고, 먹을 것도 없고, 잠잘 곳도 없는데 어떤 부자가 당신을 찾아와서 자기의 호화로운 저택을 당신이 사용하도록 허락해 주겠다고 말했다 합시다. 집세도 안 내고 공짜로 쓰는 겁니다. 커다란 냉장고 안에는 몇 달 먹을 만한 식품이 가득 들어 있습니다. 집주인이 요구하는 것은 단지 매달마다 자기에게 감사를 표해 달라는 것뿐입니다. 당신 같으면 그의 제안을 받아들이겠습니까? 물론 받아들일 것입니다.

하나님께서 우리에게 바로 그와 똑같은 일을 하셨습니다. 그분은 자신이 지으신 아름다운 세상에서 우리를 살게 해주셨으며, 우리의 모든 필요를 채워 주겠다고 약속하셨습니다. 우리의 반응은 어떠해야 합니까? "여호와께 감사하며, 그 이름을 불러 아뢰며, 그 행사를 만민 중에 알게 할지어다"(시편 105:1). 하나님께 감사하는 것은 그분이 우리를 위하여 행하신 크신 일들에 대하여 우리가 나타내는 조그마한 응답일 뿐입니다.

당신의 기도 생활을 살펴보십시오. 당신의 기도에는 감사하는 마음이 나타나 있습니까? 우리는 하나님께 감사하라는 부름을 받을 때가 자주 있습니다. "여호와께 감사하라. 그 인자하심이 영원함이로다. 모든 주에 뛰어나신 주께 감사하라. 그 인자하심이 영원함이로다"(시편 136:1-3).

시편은 어떻게 하면 감사하는 삶을 개발할 수 있는가도 가르쳐 주고 있습니다. 그러나 가장 크게 도전이 되는 것은 예수님 자신의 삶인 것입니다. 예수님께서 오천 명을 먹이실 때 무슨 일을 하셨습니까? 그분은 일곱 개의 떡을 손에 들고 **감사의 기도**를 올렸습니다. 죽은 나사로를 다시 살리실 때는 무슨 일을 행하셨습니까? "돌을 옮겨 놓으니, 예수께서 눈을 들어 우러러보시고 가라사대, '아버지여, 내 말을 들으신 것을 **감사하나이다**'"(요한복음 11:41). 또한 마지막 만찬 석상에서는 "잔을 가지사 사례하셨습니다"(마태복음 26:27).

참 제자가 되고자 할진대 우리는 히브리서 13:15에서 우리에게 말하고 있는 바를 행하여야만 합니다: "이러므로 우리가 예수로 말미암아 항상 **찬미의 제사**를 하나님께 드리자. 이는 그 이름을 증거하는 입술의 열매니라." 당신의 기도 생활이 더욱 효과적이고 능력 있는 것이 되려면 그 기도 가운데는 감사하는 마음의 소리가 가득 차 있어야만 할 것입니다.

9
한마음

진실로 다시 너희에게 이르노니 너희 중에 두 사람이
땅에서 합심하여 무엇이든지 구하면 하늘에 계신
내 아버지께서 저희를 위하여 이루게 하시리라.
마태복음 18:19

어느 해 늦은 봄 아내와 나는 인도 봄베이에서 아들 랜디와 합류했습니다. 몇 달에 걸친 아시아 여행을 끝내고 중동으로 향하던 길이었습니다. 그 여행이 끝나면 동구를 거쳐서 서구에 들어가면 일정이 끝나게 되어 있었습니다. 인도에서 일주일 정도 머문 후 우리 세 사람은 이란으로 떠났습니다. 테헤란에 도착하자마자 우리는 랜디가 인도에서 바이러스에 감염되어 온 것을 알게 되었습니다. 체중이 점점 줄기 시작했습니다. 우리는 휴대하고 다니던 상비약을 먹였으나 아무 소용이 없었습니다.

이란에서 한 주일 정도 머물고서는 터키의 이스탄불로 갔습니다. 거기서 우리는 터키인 의사를 찾아가서 진찰을 받게 했는데, 그 의사는 랜디가 콜레라에 걸렸다는 진단을 내리고서는 다섯 가지의 약을 주면서 그걸 먹으면 발병 원인이 되는 균들이 깨끗이 제거되어 낫게 될 것이라고 자신 있게 말하는 것이었습니다.

이스탄불에서 일이 끝나자 이번에는 불가리아의 소피아로 떠났는데, 거기서도 약 일주일 정도 있다가 루마니아의 부카레스트로 날아갔습니다. 그러는 동안 약 3주일이 흘렀는데도 랜디는 낫지 않고 체중이 6-7kg 정도나 빠졌으며 이제는 심하게 앓았습니다. 우리는 몹시 걱정이 되어서 열심히 기도했지만 아무 해결책이 없었습니다. 이제 어떻게 해야 되나? 남은 전도 여행은 취소해야 하나? 그렇지 않으면 랜디를 영국이나 독일에 있는 친구들에게 보내어 돌보아 달라고 해야 하나? 온갖 궁리를 다했습니다.

그러다가 팬암 항공사에 갔다가 이틀 후에 서독의 프랑크푸르트행 항공편이 있다는 것을 알게 되었습니다. 우리 모두가 그걸 타야 할 것인가? 우리는 아직도 유고, 폴란드, 체코를 방문해야 하는 3주일의 여정이 남아 있었습니다. 얼마 동안 더 기도하고 난 후 주님께서 우리를 어떻게 인도하고 계시는가에 대한 내 생각을 아내와 랜디에게 말해 주었습니다. 만약 이틀 내에 랜디가 낫지 않으면 우리는 팬암 항공기를 타고 함께 프랑크푸르트로 가기로 했습니다. 터키인 의사가 처방해 준 약은 랜디에게는 듣지 않는 게 분명했기 때문에 일단 부카레스트에서 다른 의사의 도움을 받을 수 있는 길을 찾아보기로 했습니다. 마침 우리를 보아줄 수 있는 병원이 있다는 것과 그곳까지 가는 길을 알아냈습니다.

그 병원에 가는 길에 미국 대사관이 있었는데, 우리는 일단 대사관에 들어가서 그 병원에 관하여 알아보기로 했습니다. 대사관 정문에서 경비하고 있던 젊은 해병대원은 우리 이야기를 듣고는 그 병원에 가지 말라고 경계했습니다. "거긴 가지 마십시오! 위험합니다. 여긴 의학 기술이 서구보다 20년은 뒤졌을 겁니다. 잠깐만 기다리십시오. 대사관 의무실에 전화를 걸어서 의료 담당 간호원이 선생님 가족들을 보아줄 수 있는지 알아보겠습니다." 그 간호원은 자리에 없었습니다. 그러나 그는 한 시간 후에 다시 와보라고 권했습니다.

우리가 다시 거길 갔을 때는 곧바로 그 의무실로 안내를 해주어서 그녀를 만날 수 있었습니다. 담당 간호원은 대뜸 한다는 말이 "어떻게들 오셨나요? 전 관광객들은 보아 드릴 수 없는데요. 전 대사관 직원들만 보아 드리게 되어 있습니다" 하는 것이었습니다. 나는 그 해병대원과 했던 이야기를 그녀에게 해주고, 우리가 하고 있는 일의 성격을 설명해 주고 난 후, 정확히 말하면 우리는 관광객이 아니라는 사실을 강조했습니다. 내 말을 듣고 난 후 그녀는 "좋습니다. 어디가 아픈 거지요?" 했습니다. 우리는 이때까지의 이야기를 다 하고 터키인 의사에게 받았던 약을 보여 주었습니다. 그녀는 약의 일부는 이미 시효가 지난 것이고 또 한 가지는 그녀가 가지고 있는 의학 사전에는 수록되어 있지도 않은 것임을 금방 알아냈습니다. 그녀는 그 약들을 쓰레기통에 다 버리고서는 랜디에게 간염 예방 주사를 한 대 놓고 또 다른 약 한 병을 처방해 주었습니다. 그리고서는 내일까지도 낫지 않으면 다시 오라고 했습니다.

우리는 호텔로 돌아와서 점심을 먹었습니다. 아무 이상이 없었습니다. 저녁도 먹었지만 이상은 생기지 않았습니다. 이튿날 아침과 점심을 다 먹었지만 아무 탈이 없었습니다. 랜디는 다 나았던 것입니다. 우리는 함께 기도하고 하나님께 감사했습니다. 하나님께서는 우리가 합심하여 기도했을 때 우리의 기도를 들어주시고 놀라운 방법으로 우리를 인도하셔서 우리가 필요로 하는 도움을 받게 해주셨던 것입니다. 마음을 합하여 함께 은혜의 보좌 앞에 무릎을 꿇는 사람들은 그 기도에 대하여 놀랍게 응답해 주시는 하나님의 능력을 경험하게 됩니다.

이처럼 한마음으로 기도하는 아름다운 광경은 사도행전 1:13-14에서도 찾아볼 수 있습니다.

> 들어가 저희 유하는 다락에 올라가니, 베드로, 요한, 야고
> 보, 안드레와 빌립, 도마와 바돌로매, 마태와 및 알패오의
> 아들 야고보, 셀롯인 시몬, 야고보의 아들 유다가 다 거기
> 있어 여자들과 예수의 모친 마리아와 예수의 아우들로
> 더불어 마음을 같이하여 전혀 기도에 힘쓰니라.

그 방안에서 이루어지고 있는 일들은 아무 불협화음도 없었습니다. 그들 사이에는 하나님께서 주신 사랑이 있었고 그들의 기도 안에는 하나님께서 주신 목표가 들어 있었습니다.

이와 같은 일치가 제자들 사이에서 늘 이루어져 왔던 것은 아닙니다. 이전에는 알력도 있었고 때때로 주도권에 대한 다툼도 있었습니다. 그런 일들은 그리스도의 학교에서 배우던 시절에 있었던 일입니다. 그러나 이제는 더 이상 그들에게서 싸우는 소리를 들을 수 없습니다. 그들은 다 같이 무릎을 꿇고 기도하고 있었습니다. "저희가 듣고 일심으로 하나님께 소리를 높여 가로되, '대주재여, 천지와 바다와 그 가운데 만유를 지은 이시요'"(사도행전 4:24). "일심으로"라는 말은 그들이 같은 말을 한 소리로 했다는 것이 아니라 마음을 함께했다는 의미입니다. 이것은 아름다운 장면입니다. 여기 모인 대부분의 사람들은 수년간이나 서로서로를 알고 지내 왔습니다. 그들은 예수님의 말씀을 함께 들었고, 함께 그분을 따랐으며, 그분의 죽음과, 장사, 부활의 사건들을 다 같이 겪으면서 살아왔습니다. 그들은 주님이 십자가에 달려 죽으시는 것을 눈으로 보았고, 그분이 부활하신 것도 직접 보았습니다. 이러한 경험들이 그들의 마음을 하나로 묶었던 것입니다.

얼마 안 되어 수천 명의 새 신자들이 그들에게 더해지지만, 이 급격한 교회의 성장기 중에도 그리스도인들 사이에서 초기에 형성

된 이 연합은 계속 유지됩니다. "믿는 무리가 한마음과 한뜻이 되어 모든 물건을 서로 통용하고 제 재물을 조금이라도 제 것이라 하는 이가 하나도 없더라"(사도행전 4:32). 사랑과 희생적인 헌금이 그들 사이에 퍼져 나갔습니다. 믿는 사람들 사이에서의 교제는 모든 인종과 사회적 계층의 차이를 넘어서서 활짝 열렸습니다.

오늘날 미국의 교회와 목회자들 가운데서는 성장을 두려워하는 사람들이 많이 있습니다. 특별히 인종적으로, 사회적으로, 또는 경제적으로 "다른" 사람들이 그들의 교회에 들어오는 것을 경계하고 있습니다. 그들은 따뜻한 교제를 나누고, 서로서로 잘 지내며, 사랑과 우애가 넘칩니다. 그러다가도 일단 밖으로 나가 길거리에서 죄인들을 만나 데리고 들어오면 그들끼리의 즐거운 모임이 깨어질까 봐서 두려워하고 있는 것입니다. 초대 교회도 이와 똑같은 문제에 부딪혔지만 그들의 합심과 성령의 능력은 그것을 녹여 버렸습니다. 우리의 믿음의 조상들이 이 문제를 극복했다면 우리도 극복할 수 있습니다. 사도행전 4:32을 가지고 기도하면서 여러분의 모임 가운데서도 그러한 사랑을 채워 주시도록 간구하십시오.

성경에는 믿는 자들 사이에서의 일치의 중요성이 자주 강조되고 있는 것을 봅니다.

> 아버지께서 내 안에, 내가 아버지 안에 있는 것같이 저희도 다 하나가 되어 우리 안에 있게 하사 세상으로 아버지께서 나를 보내신 것을 믿게 하옵소서. 내게 주신 영광을 내가 저희에게 주었사오니, 이는 우리가 하나가 된 것같이 저희도 하나가 되게 하려 함이니이다. 곧 내가 저희 안에, 아버지께서 내 안에 계셔 저희로 온전함을 이루어 하나가 되게 하려 함은, 아버지께서 나를 보내신 것과 또

나를 사랑하심같이 저희도 사랑하신 것을 세상으로 알게
하려 함이로소이다. (요한복음 17:21-23)

예수님께서 말씀하고 계신 것은 **조직체적** 일치가 아니라 **유기체
적** 일치인 것입니다. 공통적인 요소는 하나님의 사랑과 말씀 가운
데서의 교제이지 어떤 성문화된 법이나 규율이 아닙니다. 우리가
하나님 아버지를 사랑하는 것은 아버지께서 먼저 우리를 사랑하셨
기 때문입니다. 그분은 외아들 되시는 예수님을 사랑하신 것과 같
은 사랑으로 우리를 사랑하셨습니다! 우리는 "신의 성품에 함께
참예하는 자"(베드로후서 1:4)가 되었습니다. 그러므로 아버지와
아들이 하나가 되신 것같이 우리도 하나가 될 수 있습니다. 그러나
이 일치는 다만 그리스도 안에서만 가능합니다. 우리는 주님과 하
나 됨으로써 우리도 하나 될 수 있습니다. 이것은 너무나 확실하고
놀라운 것이어서 심지어는 우리를 둘러싸고 있는 이방 세계에서까
지도 이것은 초자연적인 일이라는 사실을 인정하고 있습니다. 그
리스도의 기도는 그가 이미 주신 새 계명과도 일치하고 있습니다.
"새 계명을 너희에게 주노니 서로 사랑하라. 내가 너희를 사랑한
것같이 너희도 서로 사랑하라. 너희가 서로 사랑하면 이로써 모든
사람이 너희가 내 제자인 줄 알리라"(요한복음 13:34-35). 예수님
께서 이 계명을 새 계명이라 부르신 것은 사랑의 **개념**이 새로워서
가 아니라 사랑의 **방향**이 새롭기 때문이었습니다. 이 사랑은 밖으
로 퍼져 나갑니다. 이것은 같은 나라 사람들에게뿐만 아니라 세계
모든 나라에서 하나님의 가족에 속한 모든 사람들에게로 확대되는
것입니다.

주님께서 명하신 사랑은 새로운 차원뿐만 아니라 새로운 **강도**
(强度)를 포함한 것입니다. 그것은 "내가 너희를 사랑한 것 같은"

사랑입니다. 이 초자연적인 사랑은 신자들을 서로서로 가까이해 줄 뿐만 아니라, 이 세상을 향하여 끊임없이 능력 있는 증거를 하게 하는 것입니다. 우리 안에 거하며 우리를 통하여 흐르고 있는 그리스도의 사랑은 쉽게 알 수 있습니다. 사랑은 인간의 힘으로 할 수 있는 것이 아니요, 그리스도로부터 오는 것입니다. 유대인들은 원수를 갚고 잘못된 일에 대하여 보상을 받을 수 있는 절차에 관한 온갖 종류의 법을 기록해 놓은 책들을 가지고 있습니다. 이 세상은 자기애(自己愛)와 그것을 증진시키기 위한 수단으로 가득 차 있습니다. 그러나 예수님께서는 그들 가운데서 섬기는 자로서의 삶을 사셨습니다. 그분은 제자들의 발을 씻기셨으며, 곧 이어 그들을 위해 죽으셨습니다. 이것은 정말 새로운 것이었습니다!

세상 사람들은 그런 사랑에 대해서는 아무것도 모릅니다. 그러나 그들이 그런 사랑을 실제로 보게 되면 그것에 이끌리게 됩니다. 이런 사랑이 믿는 자들의 마음을 다스릴 때 그들은 서로서로에게 더욱 가까이 이끌립니다. 그러나 그런 사랑은 다만 그리스도와의 친밀한 교제의 분위기 가운데서만 활짝 피어나는 것입니다. 그리스도께서 또한 그것을 위해 기도를 하셨습니다. 하나님의 복된 소식을 이 세상으로 전달할 큰 운반 수단의 하나는 바로 하나님의 사랑을 나타내는 변화된 아름다운 삶인 것입니다. 제자들의 삶 가운데 이러한 하나님의 사랑이 나타나기 위해서는 그리스도와 제자들 사이의 교제가 깊어져야 합니다. 수많은 사람들의 영원한 구원은 이 사랑이 나타나는 데 달려 있는 것입니다. 예수님께서 제자들이 하나가 되게 해달라고 간절히 기도하신 이유는 바로 여기에 있습니다.

이런 사랑에서 섬기는 태도가 형성됩니다. 사도 바울은 사랑과 겸손과의 관계를 상세히 설명했습니다. "마음을 같이하여 같은 사랑을 가지고 뜻을 합하며 한마음을 품어, 아무 일에든지 다툼이나 허영으로 하지 말고 오직 겸손한 마음으로 각각 자기보다 남을 낫게 여기고"(빌립보서 2:2-3). 이것은 1949년 가을에 내가 처음으로 네비게이토 선교회와 함께하기 시작했을 때 도슨 트로트맨 형제가 내게 암송하라고 주었던 구절 중 하나였습니다. 이 구절을 내 마음 판에 새겨 놓은 지 30년이 지난 지금에야 비로소 이 말씀 가운데 들어 있는 보다 깊은 뜻을 깨닫기 시작했습니다. 다른 사람들을 나보다 "낫게" 여기라는 말은 그들이 모든 점에서 나보다 명백하게 우월하다는 뜻이 아니라, 내가 그들을 바라볼 때 종의 눈을 통하여 바라보아야 한다는 뜻입니다. 그들은 나의 시간을 들이고, 내가 위하여 기도하며, 나의 삶을 바칠 가치가 있는 사람들입니다. 나 자신의 이기적인 야망과 자만심에 가득 찬 생각은 내 안에 거하시는 그리스도를 나타내지 못하게 하고 도리어 싸움을 일으킵니다. 평화와 일치는 이기주의와 자만심과는 공존하지 못합니다. 그리스도의 영광 및 이 세상에서 그가 감당하신 임무에 비교할 때 내 자신이 얼마나 보잘것없는가를 분명하게 보아야만 합니다. 그리고 내가 말씀과 기도로 그리스도와 지속적인 교제 가운데 있을 때라야 그러한 시야를 계속 유지할 수 있는 것입니다.

    1981년 겨울 미국에서는 항공기 사고로 비행기가 워싱턴 D.C.의 포토맥 강으로 추락해 버린 가슴 아픈 비극이 일어났습니다. 이 소식이 흘러나오기 시작했을 때 우리는 구조팀이 "여섯 번째 사나이"라고 부르기 시작한 어떤 인물을 알게 되었습니다. 생존자들의 머리 위를 돌던 구조 헬기에서 구명 밧줄과 구명대가 내려지자 이때 조난자 중에서 한 사람이 자기에게 내려오는 구명 밧줄을 주위에 있는 다른 조난자들에게 잇달아 넘겨 주고 있는 놀라운 광경을 보게 되었습니다. 그리하여 다섯 명의 조난자들을 안전 지대로 옮겨 놓고 그 헬기가 문제의 그 사람을 구조하려고 현장으로 다시 돌아왔을 때 이미 그는 사라지고 없었습니다. 얼음같이 찬 물에 빠져서 익사해 버렸던 것입니다. 그 사람은 문자 그대로 다른 사람들을 자기보다 낫게 여겼던 사람이었습니다.

이러한 영웅적이고 희생적인 놀라운 행동은 바울이 믿는 자들의 일상 생활 가운데서 이루어지기를 간절히 바라고 있는 내용을 잘 나타내 주고 있습니다. 다른 사람들을 위한 삶은 평화와 형제애와 사랑 안에서의 참된 일치에 이르는 길입니다. 예수님도 "사람이 친구를 위하여 자기 목숨을 버리면 이에서 더 큰 사랑이 없나니"(요한복음 15:13)라고 말씀하셨습니다.

신자들 가운데서 일치된 정신과 연합된 마음은 경쟁과 다툼이라는 죄악의 잡초를 근절시켜 버립니다. 바울은 서신서에서 이 주제를 반복해서 말해 주고 있습니다. 로마서에서는 이렇게 촉구했습니다: "이러므로 우리가 화평의 일과 서로 덕을 세우는 일을 힘쓰나니"(로마서 14:19). 우리 가운데서 언쟁을 해가면서 서로서로를 세워 주지는 못합니다. 우리는 화평을 도모하는 일들에 온 힘을 기울여야 합니다. 겸손, 희생, 종의 마음, 자기 부인, 사랑이 바로 그런 것들입니다.

대수롭지도 않은 일들을 가지고 서로 말싸움을 하지 마십시오. 믿음이 약한 사람들의 어리석은 행동들을 너그럽게 용납하고 그들이 성장할 수 있도록 도와주십시오. 진정 문제가 될 만한 것들에 대하여 거룩한 열정을 가지고 힘을 합쳐 싸워 나가십시오. 위의 말씀 가운데 **힘쓰나니**라는 말이 있는데, 마치 악성 질병을 치료하여 수백만 명의 목숨을 구할 수 있는 약을 개발하려고 필사적으로 노력하고 있는 과학자와 같은 태도로 그것을 추구해야 합니다. 바울은 다른 서신서에서도 같은 뜻의 말을 사용하고 있습니다. "푯대를 향하여 … **좇아가노라**"(빌립보서 3:14). 베드로도 같은 말을 쓰고 있습니다. "악에서 떠나 선을 행하고 화평을 구하여 이를 **좇으라**"(베드로전서 3:11). 한마음을 이루기가 그리 쉽지는 않겠지만 우리의 생을 향한 숭고한 부르심, 즉 하나님의 영광을 구하는 일을 우리 삶 가운데서 성취하기 위해서는 반드시 이루고 유지해야 할 것입니다. "이제 인내와 안위의 하나님이 너희로 그리스도 예수를 본받아 서로 뜻이 같게 하여 주사 한마음과 한 입으로 하나님 곧 우리 주 예수 그리스도의 아버지께 영광을 돌리게 하려 하노라"(로마서 15:5-6).

고린도 교인들에게 보낸 첫 번째 편지에서 바울은 그들이 지니고 있는 문제점 가운데서 한마음이 되는 것을 제일 먼저 다루었습니다. "형제들아, 내가 우리 주 예수 그리스도의 이름으로 너희를 권하노니, 다 같은 말을 하고 너희 가운데 분쟁이 없이 같은 마음과 같은 뜻으로 온전히 합하라"(고린도전서 1:10). 바울의 권면은 바울을 향한 그들의 사랑이나 주위의 평판에 기초를 두고 있는 것이 아니라, 예수 그리스도의 이름에 그 기초를 두고 있습니다. 바울의 목표는, 마치 잘 조율된 피아노의 각 음들이 조화를 이루듯이, 그들이 서로 분쟁을 그치고 온전히 하나가 되는 것입니다. 그는 불협화음을 원치 않습니다. 그들을 향한 그의 목표는 세상의 모든 사람들을 열광케 하는 광시곡인 것입니다. 이것이 이 교회를 향한 그의 메시지 가운데 첫 번째로 중요한 주제요, 또한 마지막 주제인 것입니다. 그는 고린도 교인들에게 보낸 두 번째 편지의 마지막 부분에서 이렇게 썼습니다: "마지막으로 말하노니 형제들아, 기뻐하라. 온전케 되며 위로를 받으며 **마음을 같이하며** 평안할지어다. 또 사랑과 평강의 하나님이 너희와 함께 계시리라. 거룩하게 입맞춤으로 서로 문안하라"(고린도후서 13:11).

바울은 믿는 자들 사이의 다툼이 어떤 의미가 있는지 알고 있었습니다. 육신적인 활동들 때문에 복음이 힘을 잃게 될지도 모를 일이었습니다. 교회에 보낸 그의 편지 가운데는 때때로 한마음을 가지라는 교훈을 주기 위하여 교인들 중에서 구체적으로 이름을 들어 가며 개별적으로 권면을 하는 내용이 들어 있습니다. 다음의 두 사람도 그러한 권고를 들었습니다. "내가 유오디아를 권하고 순두게를 권하노니, 주 안에서 같은 마음을 품으라"(빌립보서 4:2). 이들의 문제가 무엇인지는 구체적으로 드러나 있지 않습니다. 사회적인 면으로 볼 때 서로서로가 잘났다고 다투고 있었을지도 모릅니다. 어쩌면 교회의 계획들을 방해하려고 했을지도 모릅니다. 그것이 어떤 문제인지는 몰라도 하여간 바울은 그것을 그만두라고 말했습니다.

베드로 역시 한마음의 중요성을 강조했습니다. "마지막으로 말하노니 너희가 다 마음을 같이하여 체휼하며 형제를 사랑하며 불쌍히 여기며 겸손하며"(베드로전서 3:8). 베드로의 말을 들으면 야고보가 한 말이 머리에 떠오릅니다.

> 그러나 너희 마음속에 독한 시기와 다툼이 있으면 자랑하지 말라. 진리를 거스려 거짓하지 말라. 이러한 지혜는 위로부터 내려온 것이 아니요, 세상적이요 정욕적이요 마귀적이니, 시기와 다툼이 있는 곳에는 요란과 모든 악한 일이 있음이니라. 오직 위로부터 난 지혜는 첫째 성결하고 다음에 화평하고 관용하고 양순하며 긍휼과 선한 열매가 가득하고 편벽과 거짓이 없나니, 화평케 하는 자들은 화평으로 심어 의의 열매를 거두느니라. (야고보서 3:14-18)

한마음은 우리의 삶에 힘을 불어넣어 줍니다. 전도서 4:9-12 말씀을 읽어 봅시다.

> 두 사람이 한 사람보다 나음은 저희가 수고함으로 좋은 상을 얻을 것임이라. 혹시 저희가 넘어지면 하나가 그 동무를 붙들어 일으키려니와, 홀로 있어 넘어지고 붙들어 일으킬 자가 없는 자에게는 화가 있으리라. 두 사람이 함께 누우면 따뜻하거니와 한 사람이면 어찌 따뜻하랴? 한 사람이면 패하겠거니와 두 사람이면 능히 당하나니, 삼겹줄은 쉽게 끊어지지 아니하느니라.

서로 하나가 되어 있을 때, 이것은 서로에게 힘을 주며 서로를 지켜 줍니다. 친밀한 친구는 내가 넘어지지 않도록 붙들어 줍니다. 친구와 함께 있을 때에는 나에게 영향을 미치지 못하던 유혹이 나 혼자 있으면 더욱 강하게 밀려옵니다. 네비게이토 여름 수양회 프로그램 가운데에는 두 사람씩 한 조가 되어 하이킹을 장려하는 프로그램이 있습니다. 한 사람이 떨어지거나 발목을 삐거나 다리를 다치면 도와줄 수 있는 사람이 있는 것입니다.
1943년 내가 해병대 신병훈련소에서 훈련을 마쳤을 때 우리 훈련담당관은 두 사람씩 짝지어서 외출을 할 수 있도록 허락해 주었습니다. 해군이나 타군 병사들이 술에 취해 우리와 싸움이 붙으면 우리 해병대원이 서로 힘을 합쳐 서로를 도울 수 있도록 하기 위함이었습니다. 많은 수영 교사들이 둘씩 짝지어서 수영을 배우도록 장려하는 것도 이와 유사한 이유입니다. 수영할 때 두 사람이 서로 서로에게서 눈을 떼지 않으면 사고가 날 위험은 그만큼 줄어드는 것입니다. 성경 가운데서 이러한 짝의 가장 훌륭한 모범이 되는 것은 사무엘상 23:16에 나타나 있습니다. "사울의 아들 요나단이 일어나 수풀에 들어가서 다윗에게 이르러 그로 하나님을 힘있게 의지하게 하였는데." 다윗이 사울을 피해 숨어 있을 때 다윗의 가장 절친한 친구였던 요나단이 그를 격려하기 위하여 찾아갔습니다. 요나단은 다윗의 생각을 주님께로 돌려 주님을 그의 힘과, 의지와 상담자로 삼도록 인도했습니다. 다윗은 능력 있는 하나님의 사람이었지만 그도 친구의 도움을 필요로 했습니다. 요나단이 다윗에게 상기시켜 준 것은 말할 필요도 없이 하나님께서 다윗에게 주신 약속들과 다윗의 생애 가운데서 하나님께서 신실하게 행하셨던 많은 증거들이었을 것입니다.

그리스도 안에서 형제 자매들과 한마음을 가진 삶을 살아야 하는 또 하나의 큰 이유로 다윗은 그것이 우리에게 기쁨을 준다는 것을 들었습니다.

> 형제가 연합하여 동거함이 어찌 그리 선하고 아름다운고. 머리에 있는 보배로운 기름이 수염, 곧 아론의 수염에 흘러서 그 옷깃까지 내림 같고, 헐몬의 이슬이 시온의 산들에 내림 같도다. 거기서 여호와께서 복을 명하셨나니 곧 영생이로다. (시편 133편)

이러한 연합 정신은 대제사장 아론의 머리에 부은 향기로운 기름 같았습니다. 다윗은 마음의 일치가 있을 때 거기에는 하나님의 분명한 축복이 있다고 말했습니다.

나는 그리스도인들이 마음을 합하여 섬길 때 하나님의 축복이 임하는 것을 보아 왔습니다. 하나님의 백성들이 같은 마음과 같은 뜻으로 뭉쳐서 싸워 나갈 때 그들의 수고와 그들의 일에는 주님의 축복이 따를 것이며, 그들은 기쁨과 보람과 만족을 얻게 될 것입니다. 연합은 우리 가운데 거하시는 하나님의 능력을 여는 열쇠입니다. 우리가 사랑으로 서로서로를 섬길 때 사랑과 평화의 하나님께서는 "즐겁게" 그분의 복을 우리에게 부어 주실 것입니다.

그러면, 우리가 마음의 연합을 이룰 수 있는 방법은 무엇입니까? 첫 번째 비결은 이사야 52:8에 있습니다: "들을지어다. 너의 파수꾼들의 소리로다. 그들이 소리를 높여 일제히 노래하니, 이는 여호와께서 시온으로 돌아오실 때에 그들의 눈이 마주봄이로다." 우리가 이 세상을 향한 하나님의 목적과 자기 백성들을 향한 하나님의 뜻에 동의할 때 우리는 서로 마주보게 되는 것입니다. 우리가 서로 연합하는 비결은 우리 모두가 하나님과 연합하는 데 있습니다. 우리의 모든 계획, 프로그램, 활동, 예배가 다 하나님 중심이 되어야 합니다. 그와 같이 될 때 하나님의 백성들은 참된 연합을 이룩할 수 있는 것입니다.

연합의 두 번째 비결은 디모데후서 2:5에 있습니다: "경기하는 자가 **법대로** 경기하지 아니하면 면류관을 얻지 못할 것이며." 같은 목표를 향해 분투할 뿐만 아니라 같은 규칙에 따라 행동해야 합니다. 운동장에 있는 한 팀의 선수들이 제각기 다른 운동 경기 규칙에 따라 경기를 하고 있을 때 야기되는 혼란을 한번 눈앞에 그려 보십시오. 한 선수는 럭비 규칙에 따라서, 또 다른 선수는 미식 축구, 또 한 선수는 농구, 또 다른 선수는 배구 규칙에 따라서 경기를 한다고 해보십시오. 온 운동장이 온통 혼란스러울 것입니다. 우리의 믿음과 삶의 규칙은 오직 성경뿐입니다. 우리는 모든 일에 하나님의 말씀을 표준으로 삼아야 합니다. 우리가 함께 성경 말씀을 찾아보고 하나님의 말씀에 따라 계획과 프로그램을 세우고 진행할 때 우리는 하나님을 기쁘시게 하는 연합을 이루게 될 것입니다.

세 번째로, 다양성을 인정해야 합니다. 고린도전서 12:12은 다양성을 가진 연합에 대해 말해 주고 있습니다. "몸은 하나인데 많은 지체가 있고 몸의 지체가 많으나 한 몸임과 같이 그리스도도 그러하니라." 우리는 각기 다양한 기능을 가진 여러 지체로 구성된 한 몸임을 알아야 합니다. 귀는 발과 같지도 않고 같은 기능을 가진 것도 아닙니다. 각 지체는 서로서로를 필요로 하고 있습니다. 그리스도와 그의 교회는 많은 지체로 구성된 한 몸입니다. 내가 왼쪽 발 새끼발가락이라면 나는 다른 모든 지체들이 나와 같이 보이거나 나와 같은 기능을 가질 것을 기대할 권리가 없습니다. 우리의 서로 다른 점 때문에 연합이 깨어지는 것이 아니라 도리어 **세워주는** 것입니다. 우리 모두는 서로서로를 필요로 하고 있기 때문입니다. 각 지체가 모두 나와 같은 일을 해야 한다고 주장하기 시작할 때 불일치가 오기 시작합니다.

하나의 유기체 안에서 서로 다른 기능들이 필요하다는 것은 대자연을 통해서도 배울 수 있습니다. 만약 장미 나무가 커다란 뿌리로만 되어 있거나 거대한 꽃잎 하나로만 이루어져 있거나 큰 잎사귀 하나가 전부라면 아마 괴상하기 짝이 없을 것입니다. 교회 안에도 그와 마찬가지로 서로 다른 부르심과 은사들이 있습니다. 우리는 서로 다른 모양과 기능을 가진 지체들로 이루어진 한 몸이라는 사실을 기억할 때 연합은 이루어지는 것입니다. 그렇게 될 때 우리는 자신과 다른 그리스도인에 대해 불평 대신 감사를 할 수 있게 됩니다.

연합의 필수적인 또 하나의 비결은 용서하는 마음입니다. "너희는 모든 악독과 노함과 분냄과 떠드는 것과 훼방하는 것을 모든 악의와 함께 버리고, 서로 인자하게 하며 불쌍히 여기며 서로 용서하기를 하나님이 그리스도 안에서 너희를 용서하심과 같이 하라"

(에베소서 4:31-32). 용서의 마음은 그리스도께 속한 성품입니다. 누가복음 23:34에서 그리스도께서 하신 말씀을 기억하십시오. "아버지여, 저희를 사하여 주옵소서." 용서한다는 것은 칠판에 쓰여진 것들을 지워 버리는 것과 같습니다. 잘못을 범한 사람을 용서해 주고 그가 범한 잘못을 잊어버리십시오. 그러나 다른 사람을 용서한다는 것은 어려운 일입니다. 왜냐하면 우리 육신 안에는 남의 잘못을 기억하며, 자신의 정당성을 고집하려는 경향이 있기 때문입니다. 우리는 자신은 잘못한 게 없다, 잘못은 상대방에게 있다고 생각합니다. 또한 피해를 당하고 상처받은 것은 오히려 자기라고 생각합니다. 뿐만 아니라 우리에게는 이러한 매우 합법적인 시비 거리를 가지고 돌아다니면서 누군가를 향해 "이빨을 갈며," 그가 그런 말을 하지 않았어야 했다느니, 자기를 그런 식으로 대하지 않았어야 옳았다느니, 또한 그는 그런 일을 할 권리가 없다느니 하고 주장하기를 좋아하는 그 무엇이 숨어 있습니다. 이 모든 것이 다 사실이라 할지라도 성경은 내가 그런 것들을 가지고 다시 싸우거나 원한을 품을 수 있는 권리는 없다고 가르치고 있습니다. 에베소서 4:32을 기억하고 순종하십시오. 내가 해야 할 책임은 용서하고 잊는 것입니다. 정말 하기 어려운 일이 아닐는지요? 물론입니다! 그러나 하나님께 도와 달라고 기도하십시오. 용서는 곧바로 평안과 연합의 길로 우리를 이끌 것입니다.

    연합의 다섯 번째 비결은 빌립보서 1:27에서 찾을 수 있습니다. "오직 너희는 그리스도 복음에 합당하게 생활하라. 이는 내가 너희를 가보나 떠나 있으나 너희가 일심으로 서서 한 뜻으로 복음의 신앙을 위하여 협력하는 것과." 내가 어떤 형제와 함께 중대하고 뜻깊은 어떤 일에 매진하고 있다면 나는 그 형제를 대적하지 않습니다. 내가 알고 있는 가장 위대한 일은 바로 예수 그리스도의 지상사명을 실행하는 것입니다. 내가 형제와 어깨를 맞대고 복음의 신앙을 위하여 협력한다면 나는 그와 싸울 생각조차 하지 않을 것입니다. 우리에게는 공동의 적 사탄이 있기 때문입니다.

구약에서 이스라엘 백성들은 늘 그 특징이 불평하고 언쟁하며 목이 곧은 백성으로 그려져 있습니다. 왜 그렇게 되었습니까? 나는 그들이 하나님께서 그들에게 주신 사명을 망각했기 때문이라고 생각합니다. 하나님께서는 이렇게 말씀하셨습니다.

> 세계가 다 내게 속하였나니, 너희가 내 말을 잘 듣고 내 언약을 지키면, 너희는 열국 중에서 내 소유가 되겠고, 너희가 내게 대하여 제사장 나라가 되며 거룩한 백성이 되리라. 너는 이 말을 이스라엘 자손에게 고할지니라. (출애굽기 19:5-6)

전세계와 세계 만민이 다 하나님께 속하여 있습니다. 하나님께서는 그중 이스라엘을 택하여 모든 나라에 대하여 영적인 선교국이 되게 하고 그들을 통하여 세계 만민에게 복을 내리려는 계획을 마음속에 품고 계셨습니다. 그러나 그들은 이러한 시야, 즉 그들이 전세계를 영적으로 섬기게 된 나라라는 시야로 그들 자신을 보지 못하고 말았습니다. 오히려 그들은 전인류에게 속한 것을 자신들이 독점하려고 했습니다. 그들은 성장하지 못하고 자기 중심적이 되어 버렸습니다. 그들의 강퍅한 마음은 역사상 가장 큰 비극의 하나를 낳았으며, 유대인들의 실패로 말미암아 하나님의 나라는 이방 민족들로 확산되었습니다.

어느 교회든지 자기 잇속만 차릴 수도 있습니다. 교회 자체 내의 행사에만 몰두한 나머지 가장 중요한 사명인 세계의 복음화를 잊어버리게 될 수도 있습니다. 사도행전을 보면 선교는 여러 중요한 일들 중의 하나가 아니라 유일하게 중요한 것임을 알 수 있습니다. 다른 일들은 다 이 일을 중심으로 진행되는 것입니다. 어떤 모임이나 교회가 이 목표를 보는 시야를 잃어버리고 그 자체만 비대해지면 그 구성원들은 부수적인 일들에 사로잡혀서 얼마 안 되어 논쟁에 휩싸여 버립니다. 그런 분위기 가운데서는 서로 다투기 쉽습니다. 이런 모임은 기도하려고 해봐야 중요한 일에 의견 일치가 안 되기 때문에 역사가 별로 일어나지 않습니다.

교회나 가정이 선교적 사명을 망각할 때 거기에 정체 현상이 일어날 수도 있습니다. 최근에 나는 결혼한 지 15년쯤 되는 어느 부부의 가정을 방문한 적이 있습니다. 그 집 서가를 보니까 옛날 책들이 많이 있었는데, 그중에는 하나님께 대한 헌신, 증거, 기도 등에 관한 서적들이 많았습니다. 새 책들도 있었는데, 그 주제는 행복의 비결, 안전의 길, 성공적인 결혼 생활, 행복한 자녀로 키우는 법 등에 대한 것들이 많았습니다. 나는 혼자 속으로 "이들은 스스로만 비대해지고 말았나?" 하는 생각이 들었습니다. 물론 행복한 가정, 행복한 가족들이 되는 것을 반대하는 것은 아닙니다. 나 자신도 그걸 원하니까요. 나는 아내가 시무룩해 있는 것보다는 행복해하는 것을 더 좋아합니다. 그러나 서가에 빽빽하게 꽂혀 있는 그 책들을 봤을 때는 그 가정이 이웃과 이 세상에 빛이 되어야 하는 사명을 잊고 있다는 생각이 들었습니다. 그들을 이웃 가운데 살게 해주신 것은 복음을 전하게 하기 위함이라는 사실을 깨달을 때 가족들은 어느 때보다도 더 합심하여 친구들과 이웃 사람들에게 복된 소식을 전하기 위하여 함께 계획하고 기도하게 되는 것입니다. 바울이 "일심으로 서서 한 뜻으로 복음의 신앙을 위하여 협력하라"고 말한 것은 바로 그 사실을 알았기 때문이었습니다.

이상 다섯 개의 핵심 구절들은 하나님을 기쁘시게 하는 연합을 이룩하는 방법을 배우는 데 내게 많은 도움을 주었습니다. 그것은 쉽거나 자동적으로 되는 일은 아니었습니다. 나는 그것이 끊임없는 주의를 필요로 하는 일이란 사실을 알았습니다. 바울은 여기에는 우리의 노력이 필요하다고 말했습니다.

> 그러므로 주 안에서 갇힌 내가 너희를 권하노니, 너희가 부르심을 입은 부름에 합당하게 행하여 모든 겸손과 온유로 하고, 오래 참음으로 사랑 가운데서 서로 용납하고, 평안의 매는 줄로 성령의 하나 되게 하신 것을 **힘써** 지키라. (에베소서 4:1-3)

> 내가 너희와 라오디게아에 있는 자들과 무릇 내 육신의 얼굴을 보지 못한 자들을 위하여 어떻게 **힘쓰는** 것을 너희가 알기를 원하노니, 이는 저희로 마음에 위안을 받고 **사랑 안에서 연합**하여 원만한 이해의 모든 부요에 이르러 하나님의 비밀인 그리스도를 깨닫게 하려 함이라. (골로새서 2:1-2)

그는 갈라디아 교인들을 위해 "해산하는 수고"를 한 것처럼 이들을 위해서도 힘을 썼습니다. 믿는 자들을 위하여 바울이 이처럼 애쓰는 목적은 무엇이었습니까? 그들의 복지나 경제적 안정이었습니까? 아닙니다. 그들이 "사랑 안에서 연합"하도록 하기 위함이었습니다. 예수님께서는 한마음이 되는 것을 예배와 연관지으셨습니다.

옛 사람에게 말한바 '살인치 말라. 누구든지 살인하면 심판을 받게 되리라' 하였다는 것을 너희가 들었으나, 나는 너희에게 이르노니 형제에게 노하는 자마다 심판을 받게 되고 형제를 대하여 라가라 하는 자는 공회에 잡히게 되고 미련한 놈이라 하는 자는 지옥 불에 들어가게 되리라. 그러므로 예물을 제단에 드리다가 거기서 네 형제에게 원망들을 만한 일이 있는 줄 생각나거든 예물을 제단 앞에 두고 먼저 가서 형제와 화목하고 그 후에 와서 예물을 드리라. (마태복음 5:21-24)

예수님께서는 예물을 드리려고 방금 제단 앞에 도착한 사람을 그리고 계십니다. 그가 제단 앞에서 예물을 막 하나님께 드리려고 하는데, 자신이 형제에게 잘못한 일이 생각났습니다. 그는 그때까지 그 잘못을 바로잡지 못했습니다. 예수님께서는 그에게 예물을 제단 앞에 두고 가서, 즉 예배처를 떠나 그 형제를 찾아가 일을 먼저 해결하라고 말씀하십니다. 이 원리는 우리가 가해자든 피해자든 다 적용됩니다. "네 형제가 죄를 범하거든 가서 너와 그 사람과만 상대하여 권고하라. 만일 들으면 네가 네 형제를 얻은 것이요"(마태복음 18:15).

자신이 받은 피해 때문에 마음속에 반감만 품고 있을 것이 아니라 그 대상이 되는 형제(혹은 자매)를 찾아가서 그 문제를 해결해야 하는 것입니다. 서로서로 용서함으로써 마귀가 우리의 우애를 갈라놓는 데 이용할 만한 시비 거리를 남겨 두지 말아야 합니다. 효과적인 우리의 기도 생활은 바로 거기에 달려 있습니다. "서서 기도할 때에 아무에게나 혐의가 있거든 용서하라. 그리하여야 하늘에 계신 너희 아버지도 너희 허물을 사하여 주시리라"(마가복음

11:25). 제자의 마음속에 용서하지 못한 것들이 숨어 있을 때 그는 확신을 가지고 기도할 수 없습니다. 그런 구석을 남겨 둔다면 그것이 결국은 하나님과의 교제와 다른 사람과의 교제를 깨뜨려 버립니다. 효과적인 기도의 조건은 우리가 하나님 및 사람들과 화평 가운데 있는 것입니다. 예수님도 그렇게 주장하셨습니다. 주님은 그의 백성들이 사랑 가운데 서로 조화를 이루며 사는 것을 보기를 원하십니다. 우리는 매일 하나님으로부터 깨끗케 함을 받아야 할 필요가 있는 사람들입니다. 그러므로, 다음과 같은 주님의 말씀을 마음속에 새겨 둡시다. "너희가 사람의 과실을 용서하면 너희 천부께서도 너희 과실을 용서하시려니와 너희가 사람의 과실을 용서하지 아니하면 너희 아버지께서도 너희 과실을 용서하지 아니하시리라"(마태복음 6:14-15). 용서하지 못하는 마음을 품고서는 매일 당신의 죄를 깨끗케 함을 받지 못하는 것입니다.

136 하나님께서 들으시는 기도

10
인 내

> 항상 기도하고 낙망치 말아야 될 것을
> 저희에게 비유로 하여.
> 누가복음 18:1

내가 생전 처음으로 기도 응답을 받은 것은 하나의 작은 기적이었습니다. 그때 일이 일어난 것은 금요일 오후 3시 반쯤 되어서였는데, 당시 나는 철도의 역무원으로 일하고 있었습니다. 그날 나의 근무 종료 시간은 오후 4시였는데, 마침 그날 아이오와 주의 카운슬 블럽스에 있는 고향집에 갈 일이 생겼습니다. 그러자면 약 15분 후에 오는 열차를 타야 하는데, 그 시각에 맞추자면 15분 정도는 일찍 퇴근해야 한다는 게 문제였습니다. 만약 그 차를 놓치면 자정에 그곳을 통과하는 화물차를 기다려야 했습니다. 그래서 나는 역장에게 가서 몇 분 일찍 퇴근해도 좋겠느냐고 물었습니다. 그랬더니 그는 "좋아요. 적재량 미달 화물칸 문을 닫고 봉인만 끝내고 가도록 하시오" 하는 것이었습니다. 헌데 그게 문제였습니다.

그날 아침에 그 화물칸의 문을 연 것은 나였는데, 족히 30분은 걸렸었습니다. 그 문은 힘껏 닫힌 채로 녹이 잔뜩 슬어 있었던 것입니다. 나는 길다란 쇠 지렛대로 조금씩 조금씩 해서 겨우 열었던 것입니다. 열차가 떠나 버리기 전에 그걸 닫지는 못하리라는 생각을 하니 화가 났습니다. 그 놈의 차는 평소에는 그렇게도 연착을 잘하더니 하필 오늘은 왜 제 시간에 오는고? 역장은 왜 그 화물칸을 닫으라고 진작 말해 주지 않았나? 그 문제만 해도 그렇지. 그 거지 같은 화물칸 문은 다른 사람이 닫으면 안 되나? 그건 내 생각일 뿐, 내가 그걸 해야 했고, 그걸 다 닫자면 제 시간에 열차를 타기는 글렀습니다.

그러나 화물칸으로 향하면서 반짝하는 멋진 생각이 떠올랐습니다. 하나님께 그걸 닫게 해달라고 기도를 하면 어떤가? 하나님께서는 힘이 세시니까 말이야. 그분은 쉽게 그걸 닫으실 수 있을 거야. 그리스도인이 된 지 며칠밖에 되지 않았을 때였기 때문에 나는 그때까지 기도를 별로 많이 해보지 않았었습니다. 기도하고 하나님께서 어떻게 해주시는지를 보는 게 어때? 이런 생각에 나는 기도를 했습니다. "하나님, 전 그 열차를 타야 합니다. 하나님의 도움이 필요합니다. 저 문을 닫아야 하는데 제 힘으로는 할 수 없어요. 시간이 너무 걸립니다. 그러니 하나님, 하나님께서 저 문을 좀 닫아 주십시오." 그 기도를 하고서는 한 손으로 손잡이를 잡고 끌어당겼습니다. 놀랍게도 그 문은 마치 구슬 베어링을 넣은 롤러스케이트가 구르듯이 부드럽게 닫히는 것이었습니다. 그래서 나는 여유 있게 제자리에 봉인을 하고 나서 열차에 올라 고향을 향할 수 있었습니다.

그 일이 있은 지 벌써 30여 년의 세월이 흘렀습니다. 그 30년 동안에도 계속 기도에 대하여 많은 것을 배웠고 기도 응답도 많이 받았지만, 내가 그리스도인으로 갓 태어나 며칠 되지 않았을 때 받았던 그 첫 번째 기도의 응답만큼 즉각적이고 극적인 응답은 아직까지 없는 것 같습니다.

기도에 대하여 배운 핵심적인 교훈의 한 가지는 하나님께서 우리 기도에 대하여 항상 즉각적인 응답만을 주시지는 않는다는 사실입니다. 어떤 때는 오랫동안 기도한 후에야 응답을 받는 때도 있습니다. 나에게는 여러 해 동안 계속 기도해 오고 있는 것 중에서 아직까지도 그 응답을 받지 못한 것들이 있습니다. 그렇지만 나는 실망하지 않고 계속 기도하고 있습니다. 그것이 바로 이 장의 주제인 기도에 있어서의 인내입니다.

인내에 대한 구절로서 내게 축복이 된 것은 누가복음 18:1-8에 나오는 예수님의 비유입니다.

> 항상 기도하고 낙망치 말아야 될 것을 저희에게 비유로 하여 가라사대, "어떤 도시에 하나님을 두려워 아니하고 사람을 무시하는 한 재판관이 있는데, 그 도시에 한 과부가 있어 자주 그에게 가서 '내 원수에 대한 나의 원한을 풀어 주소서' 하되, 그가 얼마 동안 듣지 아니하다가 후에 속으로 생각하되 '내가 하나님을 두려워 아니하고 사람을 무시하나 이 과부가 나를 번거롭게 하니 내가 그 원한을 풀어 주리라. 그렇지 않으면 늘 와서 나를 괴롭게 하리라' 하였느니라." 주께서 또 가라사대, "불의한 재판관의 말한 것을 들으라. 하물며 하나님께서 그 밤낮 부르짖는 택하신 자들의 원한을 풀어 주지 아니하시겠느냐? 저희에게 오래 참으시겠느냐? 내가 너희에게 이르노니 속히 그 원한을 풀어 주시리라. 그러나 인자가 올 때에 세상에서 믿음을 보겠느냐?" 하시니라.

예수님의 비유 가운데서 어떤 것들은 그 참 의미가 이야기 중에

묻혀 있는 경우가 종종 있어서 그것을 찾아내기 위해서는 깊이 생각해야 하기도 합니다. 그러나 이 비유에는 그 의미가 문두에 나와 있습니다. 즉 "항상 기도하고 낙망치 말아야 된다"는 것입니다. 이 말씀을 하시고 난 후 이어서 주님은 불의한 재판관으로 하여금 청을 들어주게 만든 과부의 인내와 끈기가 어떠하였는가에 대하여 보여 주려 하셨습니다.

이 비유 안에는 우리의 기도 생활에 격려를 주는 사실들이 많이 들어 있습니다. 예를 들면, 과부는 재판관에게 전혀 생소한 사람이었지만 그 반면 우리는 하나님의 자녀들입니다(요한복음 1:12). 과부는 예수님 말씀에 의하면 불의한 재판관에게 찾아갔습니다. 그러나 우리는 은혜의 보좌 앞에 나아갈 때 "의로우신 아버지"(요한복음 17:25)께로 가며, "하늘에 계신 우리 아버지"(마태복음 6:9)께로 나아갑니다. 과부에게는 자기의 송사를 도와줄 사람이 하나도 없었지만, 우리에게는 이와 대조적으로 "아버지 앞에서 대언자가 있으니 곧 의로우신 예수 그리스도이십니다"(요한일서 2:1). 과부는 재판관에게 괴로운 존재요 귀찮은 존재였지만, 우리가 하나님께 기도할 때 하나님께서는 결코 "귀찮아" 하지 않으십니다. 그분은 오히려 우리에게 "내게 부르짖으라"(예레미야 33:3)고 명하셨습니다.

예수님의 이 비유에는 두 가지의 중요한 교훈이 들어 있습니다. 우리는 인내하며 끈기 있게 기도해야 한다는 것과, 낙망하거나 포기하지 말아야 한다는 것입니다.

성경 안에는 끈기 있는 기도란 어떤 것인지, 왜 우리가 그런 기도를 해야 하는지, 또 그런 기도는 어떻게 하는 것인지에 대하여 가르쳐 주고 있는 구절들이 많이 있습니다. 누가복음 11:5-8은 끈질기게 강청하는 기도의 가치를 잘 보여 주고 있습니다.

또 이르시되, "너희 중에 누가 벗이 있는데 밤중에 그에게 가서 말하기를, '벗이여, 떡 세 덩이를 내게 빌리라. 내 벗이 여행 중에 내게 왔으나 내가 먹일 것이 없노라' 하면 저가 안에서 대답하여 이르되 '나를 괴롭게 하지 말라. 문이 이미 닫혔고 아이들이 나와 함께 침소에 누웠으니 일어나 네게 줄 수가 없노라' 하겠느냐? 내가 너희에게 말하노니 비록 벗 됨을 인하여서는 일어나 주지 아니할지라도 그 강청함을 인하여 일어나 그 소용대로 주리라."

여기서 예수님께서는 기도를 하나님과의 개인적인 우정의 수준으로까지 끌어올리셨습니다. 얼마나 놀라운 특권입니까! 하나님을, 저 멀리 어딘가에 계시는, 알 수도 없고 볼 수도 없는 그 어떤 존재로만 생각하고, 두려움과 불확실성 속에서 살아가고 있는 사람들이 얼마나 많습니까? 이 비유에 등장하는 사람은 밤중에 친구를 찾아가 도움을 청함으로써 그를 귀찮게 만들었습니다. 틀림없이 급한 상황이었을 것입니다. 하루 종일 걸어서 한밤중에 겨우 그곳에 당도하였다면 두말할 필요도 없이 그 벗은 내내 굶었을 것입니다. 무엇이든 먹어야 했습니다. 그러나 빵을 가지고 있는 친구에게도 문제는 있었습니다. 그 지방의 가옥에는 침실이 별도로 분리되어 있지 않았기 때문에 가족들이 잠자리에 눕기 전에 부모들은 요를 마루바닥에 깔고 문빗장을 질렀을 것입니다. 발치나 머리맡을 지나가서, 빵을 꺼내 온 다음 다시 문빗장을 끄르고 빵을 친구에게 건네다 보면 아이들이 깰지도 모릅니다. 한밤중에 자던 아이들이 다 깨게 되면 얼마나 번거로워지겠습니까? 그렇지만 친구가 문을 탕탕 치면서 소리를 지르고 있었기 때문에 빵을 꺼내다 주는 게 오히려 덜 번거로웠습니다.

다음의 두 구절은 예수님의 관점을 매우 적절하게 나타내고 있습니다.

> 내가 또 너희에게 이르노니, 구하라 그러면 너희에게 주실 것이요, 찾으라 그러면 찾을 것이요, 문을 두드리라 그러면 너희에게 열릴 것이니, 구하는 이마다 받을 것이요, 찾는 이가 찾을 것이요, 두드리는 이에게 열릴 것이니라. (누가복음 11:9-10)

구하라, 찾으라, 두드리라. 이 모두는 인내가 요구되는 행동입니다. 또한 그렇게 하는 이마다 모두 응답을 받게 될 것이라고 예수님께서는 약속하셨습니다. 그렇게 하는 사람에게는 아무도 예외가 없습니다. 틀림없습니다. 응답을 보장해 주는 것은 무엇입니까? 인내입니다.

이 문제에 대하여 빛을 던져 주는 또 하나의 구절이 있습니다. 누가복음 21:34-36입니다.

> 너희는 스스로 조심하라. 그렇지 않으면 방탕함과 술 취함과 생활의 염려로 마음이 둔하여지고 뜻밖에 그날이 덫과 같이 너희에게 임하리라. 이날은 온 지구상에 거하는 모든 사람에게 임하리라. 이러므로 너희는 장차 올 이 모든 일을 능히 피하고 인자 앞에 서도록 항상 기도하며 깨어 있으라 하시니라.

육신의 소욕과 이생의 염려는 강력한 힘을 가지고 있으므로 우리는 끊임없이 경계하지 않으면 안 됩니다. 우리 자신의 내적인 부패가 우리를 유혹하여 잘못된 길로 우리를 이끌 수 있습니다. 이생의 염려들은 우리를 무너뜨려서 우리로 하여금 믿음의 길을 걷지 못하도록 만들 수도 있습니다. 우리는 이 양면 압력을 어떻게 이기고 설 수 있습니까? 예수님께서는 항상 기도하며 깨어 있을 때 이 압력에 맞설 힘을 얻을 수 있다고 말씀하셨습니다. "**항상 기도하고 낙망치 말라.**" 그분은 끊임없이 인내 가운데서 하는 기도에 대하여 말씀하고 계십니다. 예수님께서 여기서 언급하신 것은 장차 역사적으로 닥쳐 올 매우 특별하고 어려운 사건에 대한 것이지만 우리는 이 구절을 일반적으로 어려운 시기에 적용할 수 있습니다. 우리는 매일 매일 주님과의 교제의 시간을 꾸준히 발전시킴으로써 우리의 생애 가운데 있게 될지도 모를 어려운 때를 대비하여야 합니다. 기도가 없이는 삶 가운데 닥쳐오는 내적인 부패와 외적인 공격에 전혀 대비할 수 없습니다.

최근 우리의 가까운 한 친구가 적으로부터 무서운 공격을 받았습니다. 자동차는 강탈당하고, 그 딸은 하나님을 깊이 의심하고 두려움에 빠지게 되었으며, 그의 아내는 거의 목숨을 잃을 만큼 육체적으로 어려움을 받았습니다. 그 식구들은 학교 문제와 취업 문제로 이사까지 생각하게 되었으며, 그 때문에 가족들이 뿔뿔이 흩어지게 될지도 몰랐습니다. 그들이 처한 시련을 보았을 때 내 마음 가운데는 "승리하라!"는 말이 거듭거듭 떠올랐습니다. 이 가족들은 대단히 특별한 어려움에 처해 있습니다. 그러나 그들은 그 어려움 가운데서 승리하는 삶을 살고 있습니다. 그 배후에는 기도라는 요인이 숨어 있었습니다. 그들은 꾸준히 인내하며 간절히 하나님께 매달렸습니다.

다윗은 생의 전투에 임하고 있는 모든 이들에게 간단명료한 메시지를 주고 있습니다. "나는 하나님께 부르짖으니 여호와께서 나를 구원하시리로다. 저녁과 아침과 정오에 내가 근심하여 탄식하리니 여호와께서 내 소리를 들으시리로다"(시편 55:16-17). 그가 자신의 지혜로서 적을 맞으려고 하거나 힘으로써 힘에 대항하겠다고 하지 않은 점을 주목하십시오. 그의 첫 번째 반응은 하나님께 부르짖는 것입니다. 그는 하나님께서 그를 구원하시리라는 것을 믿었습니다. 그러나 그는 이어서 자신의 기도가 자기 편리한 시간에 서둘러 짤막하게 하는 그런 기도가 아니라는 것을 조심스럽게 설명하고 있습니다. 그는 저녁과 아침과 정오에 기도했습니다. 그는 하나님과 더불어 하루를 시작하고, 하나님과 더불어 하루를 살며, 하나님과 더불어 하루를 정리한다는 말입니다. 다윗은 그 결과에 대하여 절대적으로 확신하고 있습니다. "하나님께서는 나의 기도를 들으시고, 나의 기도에 응답을 하실 것이다." 끈기 있는 기도는 효과가 있습니다.

전세계의 수많은 교회들이 기도에 새로운 관심을 갖게 된 것을 인하여 하나님께 감사합시다. 기도 모임은 활발하게 살아 있습니다. 기도 수양회가 열리고 있습니다. 많은 사람들이 시간이 나면 기도하는 것이 아니라, 시간을 내어 기도하고 있습니다.

그러나 현재 기도에 대하여 가르치고 있는 것을 보면 실망스러운 요소들도 더러는 있습니다. 하나님께서는 영적으로 강건하고 성령 안에서 흠 없이 행하는 사람들의 기도만 들으시고 응답해 주신다는 식으로 생각하게 만드는 듯한 인상을 주는 가르침이 그렇습니다. 그러나 다윗이 진심에서 우러나오는 끈기 있는 기도를 한 것은 그 자신의 연약함에서 연유했다는 사실을 주목해야 합니다.

    여호와여, 나는 곤고하고 궁핍하오니 귀를 기울여 내게 응답하소서. 나는 경건하오니 내 영혼을 보존하소서. 내

주 하나님이여, 주를 의지하는 종을 구원하소서. 주여, 나를 긍휼히 여기소서. 내가 종일 주께 부르짖나이다. 주여, 내 영혼이 주를 우러러보오니, 주여, 내 영혼을 기쁘게 하소서. 주는 선하사 사유하시기를 즐기시며 주께 부르짖는 자에게 인자함이 후하심이니이다. 여호와여, 나의 기도에 귀를 기울이시고 나의 간구하는 소리를 들으소서. 나의 환난 날에 내가 주께 부르짖으리니 주께서 내게 응답하시리이다. (시편 86:1-7)

그는 자신이 곤고하고 궁핍하기 때문에 귀를 기울여 달라고 하나님께 기도했습니다. 그는 스스로를 하나님의 자비와 사유하심이 필요한 의지할 데 없는 죄인으로 보았습니다. 그렇기 때문에 그는 부르짖으려 했으며, 하나님께서는 듣고 응답해 주실 것이라고 했습니다. 믿는 자가 도움을 구하며 부르짖을 때 하나님께서는 결코 지나치지 아니하실 것입니다.

시편 102:16-17 말씀 가운데는 하나님만이 가지고 계신 자비와 위대하심이 빛을 발하고 있습니다. "대저 여호와께서 시온을 건설하시고 그 영광 중에 나타나셨음이라. 여호와께서 빈궁한 자의 기도를 돌아보시며 저희 기도를 멸시치 아니하셨도다." 이 말씀에 따라서 그 광경을 머리 속에 한번 그려 보십시오. 큰 권세를 가진 통치자가 영광 가운데 나타나서 자기 나라의 수도를 재건하는 일을 지휘하느라 바쁩니다. 그는 수많은 세목들을 지시해야 하고 큰 일들에 대한 결정을 내려 주어야 합니다. 그는 무리들 가운데서 가난한 사람들의 호소를 일일이 듣고 해결해 줄 만한 시간이 없을 것입니다. 그러나 우리 주님은 그렇게 하십니다. 그분은 빛과 순결의 광채를 입고 계십니다. 그분은 하나님의 나라를 건설하시느라고 밤낮으로 바쁜 가운데 계십니다. 그런 중에서도 극히 궁핍하고 곤고한 그 백성의 부르짖음을 늘 들어주십니다.

시편 142:4-5에서는 하나님께서 우리를 돌보아 주시고, 우리가 인간적인 아무 도움이 없을 때 부르짖는 부르짖음을 들어주신다는 힘있는 진리를 부드럽게 이야기해 주고 있습니다: "내 우편을 살펴보소서. 나를 아는 자도 없고 피난처도 없고 내 영혼을 돌아보는 자도 없나이다. 여호와여, 내가 주께 부르짖어 말하기를, 주는 나의 피난처시요 생존 세계에서 나의 분깃이시라 하였나이다." 이 세상에는 아무도 사랑해 주지 않고 돌보아 주지 않는 사람들이 헤아릴 수 없이 많이 있습니다. 그들은 자신들이 죽거나 살거나 아무도 신경 쓰지 않는다는 것을 알고 있습니다. 이것은 이 세대의 큰 비극이 아닐 수 없습니다. 다윗은 아무도 자기를 알아주지 않던 시절에 이 시편을 썼습니다. 그는 큰 실망에 빠져서 부르짖었습니다. "나를 아는 자도 없고… 내 영혼을 돌아보는 자도 없나이다." 그래서 그는 무엇을 했습니까? 주저앉아 자기의 불행한 신세를 한탄하고 있었습니까? 아닙니다. 사람들이 다 그를 버렸을 때 그는 자신의 기도를 들어주시는 분께로 향했습니다. 그는 하나님께서 바로 자신의 피난처요 친구라는 사실을 알았습니다.

다윗은 자기의 생애에서 불행했던 이 시절이 끝나고 즐거운 날이 다시 돌아왔을 때, 자신이 하나님께 전적으로 의뢰했었다는 사실을 부끄럼 없이 인정했습니다. 내가 알고 있는 사람들 중에도 저 버림과 두려움의 심연에서 아무 의지할 데도 없는 가운데 하나님 앞에서 울부짖은 경험이 있는 사람들이 있습니다. 그러나 막상 하나님께서 그들을 구원해 주셨을 때, 그들은 이 기간 중에 그들의 필사적인 기도에 응답하여 하나님께서 그들을 구원해 주신 당시의 아팠던 마음과 눈물을 드러내어 말하기를 부끄러워했습니다. 그러나 우리가 의지할 데 없는 가운데서 부르짖은 부르짖음에 하나님께서 응답하시고 구해 주셨음을 간증할 때, 하나님께서는 영광을 받으실 것이요 우리의 마음은 기쁨에 찰 것입니다.

예레미야는 하나님을 저버리고 잊어버린 사람들에게까지, 이로 말미암아 하나님께서 이미 심판을 선언한 사람들에게까지 하나님의 자비하심을 전파했습니다. 이스라엘이 사로잡혀 간 후에도 하나님께서는 그 죄 많고 반역하는 백성들의 불행을 돌아보시고 성경에 나타난 가장 아름다운 약속의 한 가지를 그들에게 주셨습니다. 그 약속 안에는 자비와 긍휼이 가득 차 있습니다.

> 나 여호와가 이같이 말하노라. 바벨론에서 칠십 년이 차면 내가 너희를 권고하고 나의 선한 말을 너희에게 실행하여 너희를 이곳으로 돌아오게 하리라. 나 여호와가 말하노라. 너희를 향한 나의 생각은 내가 아나니, 재앙이 아니라 곧 평안이요 너희 장래에 소망을 주려 하는 생각이라. 너희는 내게 부르짖으며 와서 내게 기도하면 내가 너희를 들을 것이요, 너희가 전심으로 나를 찾고 찾으면 나를 만나리라. (예레미야 29:10-13)

이것은 이상한 말씀입니다. 하나님께서는 이스라엘 백성에게 거절당하고 능욕을 받았지만, 계속해서 그들을 심판 가운데 버려 두지 아니하시고, 이 반역하는 민족을 위하여 평화와 구원을 계획하셨던 것입니다. 그러나 그들의 구원에는 전심으로 하는 기도가 필요했습니다. 끈기 있는 기도가 회복의 비결이었습니다.

신약에도 같은 개념이 많이 들어 있습니다. 바울은 로마 교인들에게 "기도에 **항상** 힘쓰라"(로마서 12:12)고 권면했습니다. 에베소 교인들에게는 "모든 기도와 간구로 하되 무시로 성령 안에서 기도하고 이를 위하여 깨어 구하기를 **항상 힘쓰며** 여러 성도를 위하여 구하라"(에베소서 6:18)고 말했습니다. 골로새 교인들에게는 "기도를 **항상 힘쓰라**"(골로새서 4:2)고 촉구했습니다. 그들이 그의 교훈을 좀더 잘 이해하도록 돕기 위하여 그는 한 사람을 예로 들었습니다. "그리스도 예수의 종인 너희에게서 온 에바브라가 너희에게 문안하니, 저가 **항상** 너희를 위하여 애써 기도하여 너희로 하나님의 모든 뜻 가운데서 완전하고 확신 있게 서기를 구하나니"(골로새서 4:12). 데살로니가 교인들에게는 간단히 "**쉬지 말고 기도하라**"(데살로니가전서 5:17)고 말했습니다.

지속적인 기도와 연관된 두 종류의 기도가 있습니다. 한 가지는 우리가 매일 하는 기도로서, 주님과만의 계획된 시간, 주님과의 교제를 위하여 따로 구별한 시간에 성경 말씀과 기도를 통하여 주님과 교제를 나누는 것입니다. 우리는 이 시간을 귀하고 중요한 시간으로 여기고 애써서 지켜야 합니다. 이러한 교제가 없이는 우리는 매일 주님과 동행하고 그를 섬길 수 있는 힘을 잃어버리게 됩니다.

그러나 우리가 쉬지 않고 기도를 할 수 있도록 하기 위해서는 발전시켜야 할 또 한 종류의 기도가 있습니다. 이것은 밤이든 낮이든 어느 때나 우리의 마음속으로부터 곧바로 터져 나오는 자연스런 기도입니다. 자연발생적인 이 기도는 기대 않던 어떤 즐거움이 생김으로써 나올 수도 있는데, 이런 경우는 우리의 영혼이 주님을 찬양하는 기도가 될 것입니다. 또는 예상치 못한 어떤 문제가 발생할 때 자동적으로 하나님을 향하여 간구하는 기도가 나오기도 합니다. 우리의 기도 생활은 발전해서 모든 일에 대하여 무의식적으로 기도하는 수준에까지 이르러야 합니다. 이 기도는 미리 준비되지 않고 거의 반사적으로 즉각 튀어나오는 것입니다.

끈질긴 기도를 하기 위해서는 포기하지 말아야 합니다. 우리는 항상 기도하고 낙망치 말아야 합니다(누가복음 18:1). 요나는 풍랑을 만난 것이 자기 때문임을 알고 선원들에게 자기를 바다에 던지라고 했습니다. 그는 큰 물고기의 뱃속에서도 과거에 하나님께서 자기에게 베풀어 주신 선하심을 잊지 않고 온전히 기억했습니다. "내 영혼이 내 속에서 피곤할 때에 내가 여호와를 생각하였삽더니 내 기도가 주께 이르렀사오며 주의 성전에 미쳤나이다"(요나 2:7). 하나님을 생각한 것은 피곤한 요나의 영혼에 양약이 되었습니다. 그는 과거에 하나님께서 자신에게 해주신 것들을 생각하고는 용기를 얻었습니다. 우리 역시 어려움을 겪을 때마다 낙심하지 말고, 도리어 하나님을 생각하며 하나님께 부르짖어야 할 것입니다.

다윗은 믿음의 기도가 아니라면 연약해졌을 것이라고 말했습니다. "내가 산 자의 땅에서 주님의 선하심을 볼 것을 믿지 아니하였다면 나는 연약해져 버렸을 것이라"(시편 27:13, 흠정역). 골리앗 같은 거인을 담대하게 죽였던 사람이 그런 사실을 인정하리라고는 예상치 못했을 것입니다. 그러나 다윗의 부르짖음은 강한 사람, 전장에서 용감한 사람이라 할지라도 그런 연약한 면이 있다는 것을 보여 주고 있습니다. 실망 가운데 있을 때도 하나님께 대한 다윗 자신의 믿음이 연약한 심령을 소생시켰던 것입니다.

바울은 지친 자로 하여금 인내할 수 있도록 격려의 말을 덧붙였습니다. "우리가 선을 행하되 낙심하지 말지니 피곤하지 아니하면 때가 이르매 거두리라"(갈라디아서 6:9). 요나는 과거에 하나님께서 베푸셨던 선하심을 기억하기 위해 잠깐 뒤돌아볼 필요가 있었습니다. 다윗은 지금 당장 자기에게 베푸실 하나님의 선하심을 믿었습니다. 어떤 기도에는 즉각 응답이 오지만 어떤 기도는 시간이 흘러야 응답이 오는 것도 있기 때문에 바울은 우리가 하나님을 기다려야 한다고 말했습니다.

  오늘 파종을 한 농부가 내일 추수할 것을 기대하지는 않습니다. 그 씨앗이 싹이 나고 자라 익을 때까지는 시간이 걸리는 법입니다. 기도도 그와 같습니다. 즉시 응답받을 수 있는 기도도 있지만 그렇지 못한 기도도 있습니다. 기도란 마치 컴퓨터처럼 단추를 눌러서 즉각 답을 구할 수 있는 것과는 다릅니다. 기도의 응답은 자동적일 수 없으며, 때로는 우리 자신이나 다른 사람들이 변화되어야 할 경우도 있는데, 여기에는 시간이 요구됩니다. 우리는 하나님께서 하나님의 때에 응답해 주실 것을 믿고 인내로 기다려야 합니다. 열심히 지속적으로 기도하며 포기하지 않는 것을 배우십시오.

11
구하고 행하라

우리가 우리 하나님께 기도하며 저희를 인하여
파수꾼을 두어 주야로 방비하는데.
느헤미야 4:9

몇 달 전 네비게이토 선교회 행정 간사들과 함께 한 방에 모여서 기도 모임을 가졌던 적이 있습니다. 아침 첫 시간은 전세계의 여러 선교지와 그 지역에 파송되어 선교 활동을 하고 있는 선교사들의 필요들에 대하여 기도했습니다. 우리는 그들이 아무 방해받지 않고 복음의 씨앗을 뿌릴 수 있게 해주시기를 기도하고, 복음을 듣는 사람들이 그것을 받아들일 수 있도록 기도하며, 또한 씨뿌리는 일꾼들에게 은혜와 건강을 주시기를 기도했습니다. 참으로 은혜로운 시간들이었습니다.

휴식 시간이 거의 되었을 때 인도자는 우리 서로를 위해서도 잠시 기도한 후 마치자고 제안했습니다. 각 사람은 서로 자기 옆자리에 앉은 사람에게 개인 기도 제목을 한 가지씩만 나누어 그것을 가지고 서로 기도하고 마치기로 했습니다. 내 옆에 앉은 사람은 체중을 줄일 수 있게 해주시도록 기도해 달라고 했습니다. 나 자신이 최근에 그 문제로 씨름을 했었기 때문에 나는 그 기도를 하게 된 것을 기뻐했습니다. 나는 주님께서 그의 이 문제를 도와달라고 기도했습니다.

기도 시간이 끝나자 간식을 들게 되었습니다. 탁자에는 커피, 차, 음료수 그리고 몇 가지 먹을 것들이 준비되어 있었습니다. 간식을 시작하자 나는 내가 기도해 준 형제의 행동을 보고 크게 놀랐습니다. 저럴 수가 있단 말인가? 체중이 불어나서 고민이라는 사람이 탁자를 향해 돌진하다시피 가서 한 손에는 땅콩을 그득히 집고 다른 손에는 도넛을 들고 와서는 마치 몇 끼 굶은 사람 모양으로 단숨에 먹어 치우는 것이었습니다. 그리고 나서는 또 탁자로 가서 이번에는 호두를 한 줌 가득 쥐고 또 한 손에는 초콜릿을 씌운 도넛을 들고 와서는 아까와 같이 왕성한 식욕으로 먹어 치웠습니다. 그를 위해서 했던 내 기도에 대한 응답을 받을 수 없으리라는 것이 분명해져 버렸습니다.

그때 일을 돌이켜보면 예수님께서 하신 말씀이 생각납니다. "시험에 들지 않게 깨어 있어 기도하라. 마음에는 원이로되 육신이 약하도다"(마태복음 26:41). 예수님께서는 제자들이 감정적으로 탈진하고 육체적으로 심히 피곤하여 잠든 것을 보셨습니다. 베드로에게는 특별히 다가올 시련에 대비하여 시험에 굴복하지 않도록 깨어 있어 기도하라고 말씀하셨습니다. 예수님께서는 베드로와 다른 제자들의 연약함을 알고 계셨고 장차 닥쳐올 시련도 알고 계셨습니다. 더욱이 예수님께서는 기도의 능력을 알고 계셨습니다. 그러나 예수님께서는 베드로에게 기도를 할 뿐만 아니라 깨어서 경계를 하고 있어야 한다고 말씀하셨던 것입니다. 기도를 하는 것은 물론 깨어 경계를 해야 했습니다. 둘 다 중요한 것입니다.

얼마 전에 일일 수양회를 계획하고 책임 맡았던 어느 선교 단체의 간사와 이야기를 나눈 적이 있습니다. 그는 참석자 수가 적은 것 때문에 실망하고 있었습니다. 자기가 예상했던 사람들의 반밖에 참석하지 않았던 것입니다. 나는 그에게 더 많은 사람들이 참석할 수 있도록 하기 위하여 어떤 조치를 취했었느냐고 물어 보았습니다. 그는 그걸 위해 기도하고, 또한 다른 형제 자매들에게도 그 수양회를 위하여 기도해 달라고 부탁했노라고 대답했습니다. 나는 그에게, 나 역시 기도는 대단히 중요한 것임을 믿는다고 말하면서 또 어떤 일들을 했느냐고 재차 물었습니다. 그는 그 밖에 한 일은 별로 없다고 했습니다. 그 지역 내의 여러 지역 교회에 전화를 해서 목사님들께 교회에서 광고를 좀 해달라고 부탁도 하지 않았고, 교회 게시판에 붙일 수 있도록 수양회 광고지도 만들지 않았습니다. 기독교 방송국에 연락하여 광고 방송을 할 수도 있었는데, 그것도 하지 않았습니다. 여러 기독교 기관의 책임자들에게 알리고 회원들을 좀 보내 달라고 부탁하는 것도 한 방법일텐데 그것 역시 하지 않았습니다. 그 밖에도 그 기도를 하고 난 다음에 그가 할 수 있고 또 했어야 할 일들이 많이 있었지만, 마치 체중 문제로 고민하고 있던 그 형제처럼 그는 아무것도 하지 않았습니다. 기도를 하고 난 다음에는 다음 단계를 밟아야 합니다. 이를테면 탁자에 놓여 있는 도넛을 피한다든지, 목사님들께 전화를 한다든지, 아니면 신문에 광고를 내는 등의 일 말입니다. 예수님께서 베드로에게 원하셨던 일은 깨어 있어 기도하는 것이었습니다.

  최근에 한 기독교 기관의 전국 수련회에 강사로 초청을 받은 적이 있습니다. 나는 아내와 함께 가서 한 주 동안 축복된 시간을 보낼 수 있었습니다. 모임은 거의 모든 시설이 완벽하게 갖추어진 대형 일류 호텔에서 열렸습니다. 호텔에는 정구장, 골프장, 수영장, 체육관이 다 있었고, 음식도 훌륭했고 분위기도 썩 좋았습니다. 단 한 가지 결점은 객실의 방음 장치가 미흡했던 점인데, 벽이 어찌나

얇은지 옆방 사람이 차고 있는 손목시계가 재깍거리는 소리까지 들릴 정도였습니다. 아내와 나는 아침 일찍 일어나기를 즐기는 형이었기 때문에 대개 저녁에는 일찍 잠자리에 들었는데, 옆방 사람들은 밤 체질의 사람인 모양이었습니다. 매일 밤마다 거의 자정이 될 때까지 방안에서 쿵쾅거리고 다니며 웃고 떠들고 농담하는 소리가 다 들렸습니다. 뿐만 아니라 TV를 틀어 놓고 앉아서 오밤중이 넘도록 연속극들과 인기 프로의 재방송까지 다 보곤 했습니다. 그러나 매일 아침마다 새벽 기도 모임에는 나타나지도 않았습니다. 조찬 교제 모임에도 늘 빠졌습니다. 조찬 후에 진행되는 찬양과 예배 시간에도 참석하지 않았습니다. 반나절이 다 지나 초청 강사가 설교를 시작할 무렵이 되어야 잠이 덜 깨어 부은 눈에 얼굴에는 베개 자국이 그대로 남아 있는 흐트러진 자세로 강당에 나타나는 것이었습니다. 아마 그들은 수련회에 참석하러 오는 길에 하나님께서 그 한 주 동안 그들을 위해 예비하신 모든 것을 다 받게 해주시도록 기도를 했을 것입니다. 과연 그것을 다 받았을까요? 아마 못 받았을 것입니다. 하나님께서 잘못하신 겁니까? 그렇지는 않습니다. 그렇다면 무엇이 문제입니까? 하나님께서는 그들의 기도에 즐겨 응답해 주고자 하셨을 것입니다. 문제는 **그들 자신**에게 있었습니다. 그들은 새벽 기도 모임과 조찬 교제, 찬양과 예배에 참석할 수 있도록 모든 조치를 취했어야 했습니다. 일단 기도를 했으면 거기에는 조치와 훈련이 뒤따라야 합니다. 하나님께서는 우리에게 복을 주고자 하시지만, 우리는 그 복이 우리에게로 오는 길목에 서서 그것을 받을 준비를 하고 있어야 하는 것입니다. 예수님께서는 죽음을 통하여 우리로 하여금 하나님과 개별적으로 교제를 할 수 있는 길을 열어 놓으셨습니다. 그분과의 교제 시간을 통하여 유익을 얻도록 하기 위해서 우리는 우리의 할 바를 다해야 마땅한 것입니다.

  나는 이른 새벽에 아무 방해가 없는 조용한 곳에서 기도 시간 보내기를 매우 즐기는 사람입니다. 그런데 어느 날 우리 구역에 신문을 배달하는 아이가 6주 동안 조간 신문을 무료로 넣어 주겠다고 제안해 왔습니다. 그건 판매 부수를 올리기 위한 한 가지 방안이었기 때문에 6주 후에 꼭 구독하지는 않아도 되는 것이었습니다. 생각한 끝에 나는 그렇게 하라고 했습니다. 다음날 새벽에 내가 기도와 성경 읽기를 하고 있는데 문간에서 툭 하고 귀에 익지 않은 소리가 들려 왔습니다. 조간 신문이 온 것이었습니다. 내 마음속에서는 즉시 "오늘 아침 세상 돌아가는 형편이 어떤지 궁금하군" 하는 생각이 들었습니다. 나는 주님과의 교제 시간을 계속하려고 노력했지만 소용이 없었습니다. 내 노력보다는 호기심이 더 컸습니다. 결국 나는 성경을 덮고 아래층으로 내려가 신문을 펴서 세상 돌아가는 소식들을 훑어보았습니다. 다음날 아침에도 하나님과의 교제 시간을 즐기고 있다가 툭 하는 조간 신문 떨어지는 소리를 듣고 또 호기심이 발동했습니다. 이번에도 할 수 없이 성경을 덮고 신문을 들고 와서 뉴스에 빠져 버렸습니다.

  이제 어떤 일이 일어나는지를 알게 되었는데, 그렇게 빠져 들어가기는 싫었습니다. 그 다음날 아침에는 공짜로 배달되는 그 신문을 넣지 말도록 구독을 취소했습니다. "신문을 읽고 싶은 유혹을 물리칠 수 있어야 합니다. 경건의 시간을 계속하고자 하는 결심이 더 강해지도록 해야 합니다"라고 말씀하실 수도 있겠지요. 물론 나로서도 마땅히 그렇게 되어야 하는 건 아는데, 문제는 내가 그렇게 하지 않았다는 것입니다. 간단한 해결책은 방해물을 제거해 버리는 것입니다. 한편으로는 기도 시간이 다른 일로 인하여 방해받지 않게 해주시기를 하나님께 기도하면서 또 한편으로는 방해물을 내 마음 가운데 들어오도록 허용한다는 것은 위선이랄 수도 있습니다. 필요한 조치를 취하는 것은 내 책임이요, 실제로 나는 그 책임을 수행했습니다.

느헤미야는 기도의 사람이었습니다. 그의 목표는 예루살렘 성의 중건이었습니다. 고국에서 온 형제들로부터 예루살렘에 대한 슬픈 소식을 듣고 그가 먼저 취한 행동은 기도하는 것이었습니다.

> 하가랴의 아들 느헤미야의 말이라. 아닥사스다 왕 제이십 년 기슬르월에 내가 수산궁에 있더니, 나의 한 형제 중 하나니가 두어 사람과 함께 유다에서 이르렀기로, 내가 그 사로잡힘을 면하고 남아 있는 유다 사람과 예루살렘 형편을 물은즉, 저희가 내게 이르되 사로잡힘을 면하고 남은 자가 그 도에서 큰 환난을 만나고 능욕을 받으며 예루살렘성은 훼파되고 성문들은 소화되었다 하는지라. 내가 이 말을 듣고 앉아서 울고 수일 동안 슬퍼하며 하늘의 하나님 앞에 금식하며 기도하여. (느헤미야 1:1-4)

그 후 느헤미야는 왕 앞에서 말할 수 있는 기회를 얻게 되자, 목표를 향한 다음 단계로 기도와 더불어 행동을 취했습니다.

> 아닥사스다 왕 이십 년 니산월에 왕의 앞에 술이 있기로 내가 들어 왕에게 드렸는데, 이전에는 내가 왕의 앞에서 수색이 없었더니 왕이 내게 이르시되, "네가 병이 없거늘 어찌하여 얼굴에 수색이 있느냐? 이는 필연 네 마음에 근심이 있음이로다." 그때에 내가 크게 두려워하여 왕께 대답하되, "왕은 만세수를 하옵소서. 나의 열조의 묘실 있

> 는 성읍이 이제까지 황무하고 성문이 소화되었사오니 내가 어찌 얼굴에 수색이 없사오리이까?" 왕이 내게 이르시되 "그러면 네가 무엇을 원하느냐?" 하시기로, 내가 곧 하늘의 하나님께 묵도하고 **왕에게 고하되**, "왕이 만일 즐겨 하시고 종이 왕의 목전에서 은혜를 얻었사오면 나를 유다 땅 나의 열조의 묘실 있는 성읍에 보내어 그 성을 중건하게 하옵소서" 하였는데. (느헤미야 2:1-5)

느헤미야는 기도의 사람이었지만 하나님께서 그에게 기회를 주셨을 때에는 자신의 필요들에 대하여 왕에게 담대하게 이야기했습니다.

느헤미야는 성벽을 중건하는 도중 공격을 받았을 때 다시 한번 기도와 더불어 행동을 취하는 사람임을 입증했습니다.

> 산발랏과 도비야와 아라비아 사람들과 암몬 사람들과 아스돗 사람들이 예루살렘 성이 중수되어 그 퇴락한 곳이 수보되어 간다 함을 듣고 심히 분하여 다 함께 꾀하기를 예루살렘으로 가서 쳐서 요란하게 하자 하기로 우리가 우리 하나님께 기도하며 저희를 인하여 **파수꾼을 두어 주야로 방비하는데**. (느헤미야 4:7-9)

그들은 기도하고 **파수꾼을 세웠습니다**.

만약 기도가 인간의 모든 행동까지 다 대신한다면 기도는 우리의 개인적 성장에 해를 줄 수 있습니다. 그리스도인의 인격 개발은 인간의 노력에 따라 달라집니다. 만약 우리의 노력은 전혀 없이 기도하기만 하면 모든 필요들이 공급된다면, 우리는 나약하고 게으른 사람이 되어 버릴 것입니다. 누가 "하나님, 잔디를 깎아 주십시오," "하나님, 방 청소를 해주십시오," "하나님, 로마서를 가르쳐 주십시오" 하고 기도한다고 생각해 보십시오. 하나님께서 우리의 노예가 될 수는 없습니다. 기도는 게으름에 대한 변명이 될 수도 없습니다.

만약 느헤미야가 기도하지 않고 파수꾼을 세웠다면 하나님을 거스르는 행위가 되었을 것입니다. 그것은 하나님으로부터 독립하겠다는 주장이요, 자신의 능력으로 문제를 처리할 수 있다는 자만심이 될 것입니다. 만약 그랬다면 하나님께서는 교만한 자를 대적하시기(베드로전서 5:5) 때문에 그는 곤란한 지경에 빠졌을지도 모릅니다. 느헤미야는 기도하고 또한 행동을 취해야 한다는 것을 알고 있었습니다. 그러나 만약 기도만 하고 파수꾼을 세우지 않았다면 그는 나태의 어리석음을 보였을 것입니다.

사도행전에서 이 진리에 대한 명확한 예를 한 가지 찾아볼 수 있습니다. 로마로 이송되는 도중 바울 일행은 큰 폭풍을 만났습니다. 사도행전을 읽어 보면 바울이 하나님께로부터, 승선한 사람들은 한 사람도 생명을 잃지 않을 것이라는 약속을 직접 받은 내용이 나옵니다.

> 여러 날 동안 해와 별이 보이지 아니하고 큰 풍랑이 그대로 있으매 구원의 여망이 다 없어졌더라. 여러 사람이 오래 먹지 못하였으매 바울이 가운데 서서 말하되, "여러분이여, 내 말을 듣고 그레데에서 떠나지 아니하여 이 타격과 손상을 면하였더면 좋을 뻔하였느니라. 내가 너희를 권하노니 이제는 안심하라. 너희 중 생명에는 아무 손상이 없겠고 오직 배뿐이리라. 나의 속한바 곧 나의 섬기는

하나님의 사자가 어제 밤에 내 곁에 서서 말하되, '바울아, 두려워 말라. 네가 가이사 앞에 서야 하겠고, 또 하나님께서 너와 함께 행선하는 자를 다 네게 주셨다' 하였으니, 그러므로 여러분이여, 안심하라. 나는 내게 말씀하신 그대로 되리라고 하나님을 믿노라." (사도행전 27:20-25)

하나님께서 주신 분명한 약속은 "너희 중 생명에는 아무 손상이 없으리라"는 것이었습니다. 바울은 그 약속을 믿고 자기 자신과 승선한 다른 모든 사람들을 위하여 그 약속을 주장했습니다. 그렇다고 바울은 사람들이 배의 안전을 위하여 상식 범위 내에서 도움이 되는 모든 조치를 취하는 것을 꾸짖었습니까? 그들이 수심을 재는 것을 보고 왜 자기 말을 믿지 않느냐고 호되게 꾸짖기라도 했습니까? 그렇지 않으면 닻을 끊어 버린다든지, 곡식을 바다에 버린다든지, 킷줄을 늦춘다든지, 돛을 올리고 바람에 맞추는 따위의 일을 하지 말라고 했습니까? 물론 아닙니다. 이런 일들은 배가 위험 가운데 있을 때 일반적으로 행하는 조치들입니다. 그는 파선을 세 번이나 경험했으며 그중 한 번은 일 주야를 바다에서 표류했습니다(고린도후서 11:25). 바울은 그들에게 믿음이 부족하다고 비판하기보다는 오히려 그들의 노력을 칭찬했을 것입니다. 우리는 우리 자신이 게으르거나 상식이 부족한 것을 가지고 하나님을 시험하거나 하나님은 선하시니까 해주시겠지 하고 추측하지 말아야 합니다. 나는 바울도 기도한 후에는 "파수꾼을 두어 주야로 방비"한 느헤미야를 칭찬했으리라고 생각합니다. 신약에서 이 원리를 가르쳐 주고 있는 전형적인 말씀은 빌립보 교인들에게 쓴 바울의 서신서 가운데서 찾아볼 수 있습니다.

그러므로 나의 사랑하는 자들아, 너희가 나 있을 때뿐 아니라 더욱 지금 나 없을 때에도 항상 복종하여 두렵고 떨림으로 너희 구원을 이루라. 너희 안에서 행하시는 이는 하나님이시니 자기의 기쁘신 뜻을 위하여 너희로 소원을 두고 행하게 하시나니. (빌립보서 2:12-13)

바울은 빌립보 교인들에게 하나님께서 그들 안에서 행하고 계시니까 그리스도인으로서의 삶을 부지런히 연습하라고 가르치고 있습니다. 그는 하나님께서 일하고 계시니까 그들도 일하라고 했습니다.

하나님께서는 우리가 전적으로 그를 의뢰하는 가운데서 행할 때 우리의 부지런함에 복을 내리실 준비가 되어 있습니다. 기도는 우리가 전적으로 하나님을 의뢰함을 선언하는 것입니다. 우리가 무릎을 꿇을 때 우리의 의뢰는 하나님께 있다는 것을 나타내는 것입니다. 바울은 이러한 의뢰를 증거하고 있습니다. "내게 **능력 주시는 자 안에서 내가 모든 것을 할 수 있느니라**"(빌립보서 4:13). 그의 확신은 하나님 안에 있었지만, 이 확신이 그를 더욱 열심히 일하도록 이끌었습니다. "그러나 나의 나 된 것은 하나님의 은혜로 된 것이니 내게 주신 그의 은혜가 헛되지 아니하여 내가 **모든 사도보다 더 많이 수고하였으나** 내가 아니요 오직 나와 함께하신 하나님의 은혜로라"(고린도전서 15:10). 바울의 삶 가운데서 기도와 인간의 노력이 아름다운 조화를 이루고 있는 것을 볼 수 있습니다.

예수님께서 깨어 있어 기도해야 하는 우리의 의무에 대하여 경고하고 계시는 내용은 신약에서 퍽 많이 발견할 수 있습니다. 마가복음 13:33-37에서 주님께서는 게으름이 영적인 눈을 멀게 하여 그분의 재림의 징조들을 볼 수 없게 하며, 따라서 기도에 깨어 있으면 이러한 영적 소경 상태를 벗어날 수 있다고 말씀하셨습니다. 누가복음 21:34-36에서도 예수님께서는 이와 같은 영적 소경이 되지 말라고 경고하시면서, 방탕함과 술취함과 생활의 염려는 깨어 있는 것을 방해한다고 말씀하셨습니다. 주님은 우리가 깨어서 기도할 때 이러한 적들을 물리치고 승리할 수 있다는 것을 가르쳐 주셨습니다.

사도 베드로는 기도의 사람이었으며, 기도의 능력을 알고 있었습니다. 그는 한때 자신이 "기도하는 일에 전무하리라"(사도행전 6:4)고 말하기도 했습니다. 그는 또한 남편들과 아내들에게 사랑 가운데서 화합하여 살아가라고 가르치면서 "이는 너희 기도가 막히지 아니하게 하려 함이라"(베드로전서 3:7)고 설명하기도 했습니다.

그렇다고 베드로 자신이 인간의 노력을 소홀히 한 것은 아니었습니다. 그는 열매 맺는 삶과 우리 주 예수 그리스도에 대한 올바른 지식으로 이끌어 주는 것들에 대하여 이야기하면서 다음과 같이 말했습니다.

> 이러므로 너희가 더욱 힘써 너희 믿음에 덕을, 덕에 지식을, 지식에 절제를, 절제에 인내를, 인내에 경건을, 경건에 형제 우애를, 형제 우애에 사랑을 공급하라. 이런 것이 너희에게 있어 흡족한즉, 너희로 우리 주 예수 그리스도를 알기에 게으르지 않고 열매 없는 자가 되지 않게 하려니와. (베드로후서 1:5-8)

베드로는 예수님께서 경계하라고 말씀하신 영적 소경, 나태, 방탕, 술취함, 생활의 염려 등 우리가 극복해야 할 것들을 극복하는

데 도움이 되는 그리스도인의 덕을 열거해 주고 있습니다.

다른 구절들과 마찬가지로 이 구절들은 기도가 효과적이 되기 위해서는 근면과, 깨어 경계함, 그리고 하나님을 의뢰하는 가운데 노력이 뒤따라야 한다는 사실을 가르쳐 주고 있습니다.

12
맺음말

> 예수께서 한 곳에서 기도하시고 마치시매
> 제자 중 하나가 여짜오되, "주여, 요한이 자기
> 제자들에게 기도를 가르친 것과 같이
> 우리에게도 가르쳐 주옵소서."
> 누가복음 11:1

    예수님의 제자들은 한 가지 요청을 했습니다. 선생님의 기도하시는 모습을 보아 온 제자들은 마음에 감동을 받아 자신들도 기도하는 법을 배우고 싶었습니다. 그래서 그중 한 사람이 예수님께 기도를 가르쳐 달라고 요청을 했는데, 그러한 요청을 하는 것 자체가 사실상 기도의 한 부분이었던 것입니다.

    예수님께서는 그들의 요청에 응답하셔서 앞으로 그들의 기도 생활을 풍성하게 이끌어 줄 영적 원리들이 담겨 있는 한 가지 기도의 본을 그들에게 가르쳐 주셨습니다. 그러나 그들의 간단한 요청, 즉 "주여, 우리에게 기도를 가르쳐 주옵소서" 하는 것이 바로 기도의 출발점이었습니다.

    우리 역시 우리가 현재 서 있는 바로 이 지점에서부터 기도 생활을 시작해야 합니다. 우리는 기도를 준비하고, 우리의 마음에 감동을 줄 수 있는 분위기가 될 때까지 기다리거나, 책 또는 설교를 통하여 기도하는 법을 배우기 위하여 많은 시간을 낭비할 수도 있는데, 어쨌든 조만간 우리 자신이 직접 기도하지 않으면 안 됩니다. 처음 시작하는 기도가 "주님, 저는 어떻게 기도하는지 모릅니다. 도와주십시오"와 같이 간단한 것일 수도 있습니다. 가장 중요한 것은 주님께 부르짖는 것, 즉 우리의 마음 깊은 곳으로부터의 부르짖음입니다.

주님의 도움을 구하는 그러한 겸손한 부르짖음은 기도의 동산으로 통하는 문을 열어 줍니다. 그 문이 열린 후 처음 그 길에 들어설 때는 아마 좁을지도 모릅니다. 그러나 일단 그 길을 따라가다 보면 점점 넓어져서 시원한 그늘을 만들어 주는 나무들이 무성하고 아름다운 꽃들이 만발한 아름다운 은혜의 동산에 들어설 것입니다. 그 나무들과 꽃들의 이름은 자백, 찬양, 감사, 중보, 간구입니다. 온 동산은 겸손의 이슬로 촉촉이 젖어 있습니다.

우리는 마침내 이 동산에 더 자주 가게 되고 더 오래 머물게 될 것입니다. 이 동산에 갈 때마다 우리 앞에는 새로운 세계가 펼쳐지고, 우리는 그 아름다움에 놀라움을 감추지 못하며 우리의 영혼은 기쁨으로 가득 차게 될 것입니다. 거기에는 널찍한 벤치들이 있어서 하나님 아버지와 함께 앉아서 대화를 나누는 가운데 점점 친밀해져 갑니다. 아버지는 우리에게 그 동산의 나무와 잔디와 관목들을 아름답게 가꿀 수 있는 방법을 가르쳐 주실 것이요, 우리는 동산을 돌보는 일이 우리가 그분과 함께하는 공동 책임이라는 사실을 배웁니다. 우리는 한낮의 뜨거운 햇빛을 피해 쉴 수 있는 시원한 골짜기를 찾아내고, 메마르고 타 들어가던 우리의 영혼은 소생하고 활력을 얻습니다.

주님의 위엄을 생각할 때면 어린 시절에 느꼈던 것과 같은 경외감과 경이로움이 다시금 우리 앞으로 다가옵니다. 주님은 아름다움을 창조하십니다. 주님과 함께 있을 때, 우리는 아름답게 변화되고, 겸손해지며, 자신의 참 모습을 보게 됩니다.

우리는 마음에 무겁고 괴로운 짐을 지고 이 동산에 들어왔지만, 곧 강한 손이 우리에게서 이 짐을 벗겨 주시고 우리의 멍들고 찢겨진 등에 길르앗의 유향을 발라 주시는 것을 느끼게 됩니다.

기도의 동산에 거할 때 우리의 심령에는 변화가 일어납니다. 전에는 우리 자신이 초라하고 때묻은 모습이었으나, 우리 주님께 이 누추함을 호소할 때 주님은 그걸 벗겨 주시고, 씻겨 주시고, 새 옷을 입혀 주십니다.

우리는 동산의 향기가 우리에게 배어든 가운데 그곳을 나옵니다. 우리의 영혼은 모든 것이 조화를 이루고 있는 이 동산처럼 그로 말미암아 다른 사람들과 조화를 이루면서 살아갈 수 있게 됩니다. 이 기도의 동산에 자주 갈수록 우리는 전보다 더 강하고, 더 지혜롭고, 더 온유한 사람이 됩니다. 우리는 삶 가운데서 메마르고 시들어 있는 다른 동산들에 나무를 심어 주는 튼튼한 사람이 됩니다. 이 모든 일은 첫 발자국부터 시작되는 것입니다. 그것은 "주여, 저에게 기도를 가르쳐 주옵소서" 하는 부르짖음입니다.

그리스도인 성장의 열쇠

리로이 아임스 지음
신국판/ 320쪽

영적 성장은 자동적으로 이루어지는 것이 아닙니다. 자라나게 하시는 분은 하나님이십니다. 하지만 우리가 때를 따라 물을 주고 거름을 주는 수고를 해야 합니다. 이 책은 당신을 그리스도의 제자로 성장하도록 도와줄 뿐 아니라, 다른 사람을 제자로 세워 주기 위한 좋은 안내서가 될 것입니다. 이 책은 다음과 같은 내용을 다루고 있습니다.

- 성경을 공부하는 법
- 기도 생활을 계발하는 법
- 영적 성장의 장애물을 피하는 법
- 그리스도의 주재권 아래 사는 법
- 열매 맺는 삶을 사는 법
- 죄로부터 승리하는 법
- 기본적인 성경 교리를 이해하는 법

당신도 영적 지도자가
될 수 있다

리로이 아임스 지음
신국판/ 256쪽

우리는 리더십의 개념을 하나님의 말씀에 비추어 살펴볼 필요가 있습니다. 이는 리더십에 관한 영원한 진리들이 신구약성서 전체에 걸쳐 생생하게 나타나 있기 때문입니다. 특히 예수 그리스도의 가르침들은 이에 대해 명확하고도 이해하기 쉬운 원리들을 제시해 주고 있습니다. 이러한 성서적인 가르침들을 분석하여 우리의 삶에 적용하고자 하는 것이 이 책의 주된 목적입니다.

하나님께서 이 책을 통하여, 성경 말씀대로 예수 그리스도께 충성하며 하나님의 일에 헌신된 지도자들을 많이 일으켜 주시기를 기도합니다.

본 출판사의 서면 허락 없이는 본서의 전부 또는
일부의 무단 복제, 또는 원문에 대한 무단 번역을 금합니다.

하나님께서 들으시는 기도

초판 1쇄 발행 : 1986년 6월 27일
개정 1쇄 발행 : 2000년 4월 27일
개정 2쇄 발행 : 2013년 3월 25일

펴낸곳 : 네비게이토 출판사 ⓒ
펴낸이 : 조 성 동
주소 : 120-600 서울 서대문 우체국 사서함 27호
120-836 서울시 서대문구 창천동 497
전화 : 334-3305(대표), 334-3037(주문), FAX : 334-3119
홈페이지 http://navpress.co.kr
출판등록 : 제10-111호(1973년 3월 12일)

ISBN 978-89-375-0132-6 03230